D1722670

Istud faciam de
manu sinistra!

Das schaff ich doch mit links!

Impressum

Gisela Frense & Dagmar da Silveira Macêdo
Latein – Wort für Wort
erschienen im
REISE KNOW-HOW Verlag Peter Rump GmbH
Osnabrücker Str. 79, D-33649 Bielefeld
info@reise-know-how.de

Bearbeitung & Layout	Claudia Schmidt
Layout-Konzept	Günter Pawlak, FaktorZwo! Bielefeld
Umschlag	Peter Rump (Titelfoto: Christian Ritterbach)
Kartographie	Iain Macneish
Illustrationen	Stefan Theurer
Druck	Wilhelm & Adam, Heusenstamm
Bindung	Buchbinderei Keller, Fulda

ISBN 3-89416-354-2
Printed in Germany

Dieses Buch ist erhältlich in jeder Buchhandlung der BRD,
Österreichs, der Schweiz und der Benelux. Bitte informieren
Sie Ihren Buchhändler über folgende Bezugsadressen:

BRD	Prolit GmbH, Postfach 9, 35461 Fernwald (Annerod) sowie alle Barsortimente
Schweiz	AVA-buch 2000, Postfach 27, CH-8910 Affoltern
Österreich	Mohr Morawa Buchvertrieb GmbH, Sulzengasse 2, A-1230 Wien
Belgien & Niederlande	Willems Adventure, Postbus 403, NL-3140 AK Maassluis
direkt	Wer im Buchhandel kein Glück hat, bekommt unsere Bücher zuzüglich Porto- und Verpackungskosten auch direkt beim **Rump Direktversand**, Heidekampstraße 18, D-49809 Lingen oder über unseren Internet-Shop: **www.reise-know-how.de**

Zu diesem Buch ist ein **Tonträger** erhältlich, ebenfalls in
jeder Buchhandlung der BRD, Österreichs, der Schweiz und
der Beneluxländer.
Der Verlag möchte die **Reihe Kauderwelsch**
weiter ausbauen und **sucht Autoren!**
Mehr Informationen finden Sie auf unserer Internetseite
**www.reise-know-how.de/buecher/special/
schreiblust-inhalt.html**

Kauderwelsch

Gisela Frense &
Dagmar da Silveira
Macêdo

Latein
Wort für Wort

REISE KNOW-HOW
im Internet
www.reise-know-how.de
info@reise-know-how.de

*Aktuelle Reisetipps
und Neuigkeiten,
Ergänzungen nach
Redaktionsschluss,
Büchershop und
Sonderangebote
rund ums Reisen*

Die
REISE KNOW-HOW Verlag
Peter Rump GmbH
ist Mitglied der
Verlagsgruppe REISE KNOW-HOW

Kauderwelsch-Sprechführer sind anders!

Warum? Weil sie Sie in die Lage versetzen, wirklich zu sprechen und die Leute zu verstehen.

Wie wird das gemacht? Abgesehen von dem, was jedes Sprachbuch bietet, nämlich Vokabeln, Beispielsätze etc., zeichnen sich die Bände der Kauderwelsch-Reihe durch folgende Besonderheiten aus:

Die **Grammatik** wird in einfacher Sprache so weit erklärt, dass es möglich wird, ohne viel Paukerei mit dem Sprechen zu beginnen, wenn auch nicht gerade druckreif.

Alle Beispielsätze werden doppelt ins Deutsche übertragen: zum einen **Wort-für-Wort**, zum anderen in „ordentliches" Hochdeutsch. So wird das fremde Sprachsystem sehr gut durchschaubar. Denn in einer fremden Sprache unterscheiden sich z.B. Satzbau und Ausdrucksweise recht stark vom Deutschen. Ohne diese Übersetzungsart ist es so gut wie unmöglich, schnell einzelne Wörter in einem Satz auszutauschen.

Die **Autorinnen** und **Autoren** der Reihe sind Globetrotter, die die Sprache im Land selbst gelernt haben. Sie wissen daher genau, wie und was die Leute auf der Straße sprechen. Deren Ausdrucksweise ist nämlich häufig viel einfacher und direkter als z.B. die Sprache der Literatur oder des Fernsehens.

Besonders wichtig sind im Reiseland **Körpersprache, Gesten, Zeichen** und **Verhaltensregeln**, ohne die auch Sprachkundige kaum mit Menschen in guten Kontakt kommen. In allen Bänden der Kauderwelsch-Reihe wird darum besonders auf diese Art der nonverbalen Kommunikation eingegangen.

Kauderwelsch-Sprechführer sind keine Lehrbücher, aber viel mehr als Sprachführer! Wenn Sie ein wenig Zeit investieren und einige Vokabeln lernen, werden Sie mit ihrer Hilfe in kürzester Zeit schon Informationen bekommen und Erfahrungen machen, die „taubstummen" Reisenden verborgen bleiben.

Dieses Buch ist der **Grammatikteil** der Kauderwelsch-Ausgabe „Latein". Siehe dazu auch Seite 95.

Inhalt

Grammatik

Inhalt

Anhang

He, Heini, wo ist ein Bierdeckel? Ich muss meine Steuererklärung machen.

Vorwort

Irgendwann wurde das Gerücht geboren, Latein sei eine tote Sprache, in der man sich nicht unterhalten könne. Diese Behauptung hält sich bis heute recht hartnäckig, zum einen, weil kein konkretes Reiseland mit ihr verbunden wird, zum anderen, weil die komplexe Grammatik eine scheinbar unüberwindbare Hürde darstellt. Beginnt man jedoch, diese angeblich feststehende Tatsache zu hinterfragen, lässt sich genauso gut das Gegenteil beweisen. Natürlich kann man Latein sprechen – die Römer konnten es, die Mönche und die Gelehrten konnten es durch alle Jahrhunderte hindurch, die Theologen in Vatikanstadt tun es noch heute – und Sie können das natürlich auch. Lassen Sie uns gemeinsam hinter die Kulissen der „unbezwingbaren" Grammatik schauen, entdecken Sie die Gemeinsamkeiten mit Ihrer Muttersprache und Übereinstimmungen mit anderen romanischen Sprachen – vielleicht kennen Sie ja bereits eine? Mit der unkonventionellen Aufbereitung der vorliegenden Grammatik bekommen Sie einen Vorgeschmack darauf, wie modern, unkompliziert und schön die lateinische Sprache anzuwenden ist. Und mit ein bisschen Übung können Sie sich mit anderen „Lateinern", egal welcher Nationalität, verständigen. Fangen Sie an zu sprechen!

Multum dēlectāmentum! – „Viel Spaß!"

Hinweise zur Benutzung

Der vorliegende Kauderwelsch-Band „Latein" beinhaltet eine Grammatik und eine Wörterliste. Er enthält in diesem Fall keinen Konversationsteil. Die Anwendung der hier beschriebenen Grammatik für die wichtigsten (touristischen) Alltagssituationen finden Sie im Band 174 „Modernes Latein für unterwegs".

Bei den Römern gab es keine Satzzeichen, sie haben ohne Punkt und Komma geschrieben; wir fügen sie der besseren Verständlichkeit hinzu.

Die **Grammatik** beschränkt sich auf das Wesentliche und ist so einfach gehalten wie möglich. Deshalb sind auch nicht sämtliche Ausnahmen und Unregelmäßigkeiten der Sprache erklärt. Im vorliegenden Kauderwelsch-Sprechführer werden die lateinischen Begriffsbezeichnungen verwendet. Ein Glossar der wichtigsten grammatikalischen Bezeichnungen befindet sich im Anhang.

Um die sich vom Deutschen unterscheidende Wortfolge der lateinischen Sätze zu verstehen, ist die **Wort-für-Wort-Übersetzung** in kursiver Schrift gedacht. Wird *ein* lateinisches Wort im Deutschen durch *zwei* Wörter übersetzt, werden diese in der Wort-für-Wort-Übersetzung mit einem Bindestrich verbunden. Durch einen Schrägstrich werden alternative Varianten gekennzeichnet.

Quota est hōra?
wievielte(f) ist Stunde
Wie viel Uhr ist es?

Bene est mihī/nōbīs.
gut(Adv) ist mir³/uns³
Es geht mir/uns gut.

Die hochgestellten Zahlen (von 2-6) geben den jeweiligen Fall an, in dem ein Wort gebeugt ist. Abkürzungen und Wörter in runden Klammern geben einen zusätzlichen Hinweis, wenn die Form im Deutschen nicht eindeutig ist (s. a. die Liste der „Abkürzungen" in der Umschlagklappe).

Bei Hinweisen auf alternative maskuline und feminine Formen (meist Adjektive oder Partizipien) ist darauf zu achten, ob es sich beim Subjekt um eine männliche oder weibliche Person handeln soll. Drückt das Subjekt z. B. wie im nebenstehenden Beispielsatz die 2. Person Singular aus („... bist du?"), wird die feminine Form nāta für eine Frau verwendet.

In der Wort-für-Wort-Übersetzung ließen sich die lateinischen Zeitstufen nicht immer gleichlautend, sondern oft nur umschreibend übersetzen, da das Deutsche manche Formen nicht kennt. Daher muss man sich die Verben aufmerksam anschauen.

Habēsne marītum?	
hast-? Ehemann[4]	
Bist du verheiratet?	
Domum eō.	
Haus[4] gehe(-ich)	
Ich gehe nach Hause.	
Quandō nātus/nāta es?	
wann geboren(m/f) bist	
Wie alt bist du?	

loquī (Infinitiv Präsens Passiv)	*sprechen-werden*	sprechen (Deponens!)
loquitur (Präsens Passiv)	*gesprochen-wird*	er/sie spricht (Deponens!)
aperītur (Präsens Passiv)	*aufgeschlossen-wird*	ist/wird geöffnet
efficiēmus (Futur I Aktiv)	*schaffen-werden(wir)*	wir werden (es) schaffen
mentiēris (Futur I Passiv)	*gelogen-werden-wirst*	du wirst lügen (Deponens!)
vulnerātus (Partizip Perfekt)	*verletzt-worden(m)*	verletzt (Mann)
ventūrus (Partizip Futur)	*einer-der-kommen-wird*	bald kommend

Mit Hilfe der Wort-für-Wort-Übersetzung können Sie bald eigene Sätze bilden. Sie können die Beispielsätze als Fundus von Satzschablonen und -mustern benutzen, die Sie Ihren eigenen Bedürfnissen anpassen. Die Wörterlisten helfen Ihnen dabei. Mit rund 1400 Vokabeln finden Sie hier einen soliden, modernen lateinischen Grundwortschatz.

Seitenzahlen

Auf jeder Seite wird die Seitenzahl auch auf Latein und mit römischen Zahlen angegeben!

Was ist Latein?

Das in der Schule gelehrte Latein beschränkt sich meistens auf das Latein einer eigentlich recht kurzen Epoche, der so genannten Goldenen Latinität. Man zählt dazu Werke aus der Zeit um 100 v. Chr. bis etwa um die Zeit nach dem Tode des Kaisers Augustus um 14 n. Chr. Diese literarischen Produkte in der Sprache der klassischen Autoren gehören zweifelsohne zu den großartigen Hinterlassenschaften der Römer: beeindruckend, aber nicht ganz einfach. Tröstlich für alle Lernenden: So, wie in diesen Werken geschrieben, wurde Latein aber von der Allgemeinheit nicht gesprochen. Schon zur klassischen Zeit existierten große Unterschiede zwischen geschriebener und gesprochener Sprache.

Vulgärlatein ist die allgemeine Alltagssprache (lat. vulgus *„das Volk") und hat nichts mit der heutigen Bedeutung des Begriffs „vulgär" gemein. In dieser Sprachvarietät haben auch die mittleren und gehobenen Klassen gesprochen.*

Die Römer waren ein streitlustiges Volk, und so folgte der Eroberung von Städten und Provinzen durch die römischen Legionen die Verbreitung der lateinischen Sprache: Von weiten Teilen Nordafrikas im Süden und Großbritanniens im Norden bis nach Portugal im Westen und Kleinasien im Osten. Die römische Expansionspolitik und ihre berühmte Eroberungstaktik übten somit einen bedeutenden Einfluss auf die Sprachentwicklung in den europäischen Ländern aus.

Alle heute existierenden romanischen Sprachen sind aus dem Lateinischen hervorgegangen. Die wichtigsten sind Französisch, Spanisch, Portugiesisch, Rumänisch und natürlich Italienisch. Selbst Englisch, die Sprache der aus dem germanischen Sprachraum stammenden Angelsachsen, lässt in über 50 % des Wortschatzes Wörter lateinischen Ursprungs erkennen. Britannien war bis zur Mitte des 5. Jahrhunderts n. Chr. römische Provinz! Weltweit sprechen heute ca. 650 Millionen Menschen eine romanische Sprache, Englischsprachige nicht mitgerechnet. Ein solides Grundwissen in Latein bietet also die besten Voraussetzungen zur globalen Kommunikation. Sprechen kann man Latein eigentlich in den meisten Ländern der Welt, schließlich finden sich überall Lateinlehrer, -schüler und Wissenschaftler.

Man wird oft deshalb nicht verstanden, weil die Wörter unterschiedlich ausgesprochen werden. So bietet es sich an, aufzuschreiben, was man sagen möchte, da der Wortstamm für Sprecher mit romanischen und auch mit englischen Sprachkenntnissen in der Regel erkennbar ist.

Im Laufe der Zeit und durch die Vermischung des Lateinischen mit den Sprachen der unterworfenen Völker entwickelte sich das Vulgärlatein immer klarer in deutlich unterscheidbare Dialekte. Das sieht man zum Beispiel an dem Wort „Pferd": Der eigentliche lateinische Begriff für Pferd ist equus, umgangssprachlich aber verwandte man caballus, was so viel heißt wie „Gaul" oder „Lastpferd". Caballus wurde die Grundlage für die Bezeichnung in allen romanischen Sprachen (s. u.).

Die Gemeinsamkeiten im Wortschatz der romanischen Sprachen erkennt man meist deutlicher im Schriftbild, durch die unterschiedliche Aussprache ist sie oft schwer zu entdecken. Die folgende Übersicht illustriert die vielen Übereinstimmungen.

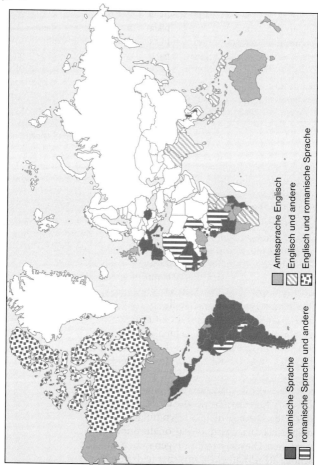

Amtssprache Englisch

Englisch und andere

Englisch und romanische Sprache

romanische Sprache

romanische Sprache und andere

lateinisch	**caballus**	**quinque**	**pater**	**familia**	**ventus**	**febris**	**sāl**
italienisch	cavallo	cinque	padre	famiglia	vento	febbre	sale
spanisch	caballo	cinco	padre	familia	viento	fiebre	sal
portugiesisch	cavalo	cinco	pai	família	vento	febre	sal
französisch	cheval	cinq	père	famille	vent	fièvre	sel
rumänisch	cal	cinci	tatăl	familie	vânt	febră	sare
englisch	horse	five	father	family	wind	fever	salt
deutsch	Pferd	fünf	Vater	Familie	Wind	Fieber	Salz

Zwischen 500 und 600 n. Chr. wurde Latein als gesprochene Sprache durch die romanischen Tochtersprachen ersetzt. Durch die Jahrhunderte hindurch blieb Latein aber die Gebrauchssprache der Wissenschaft, denn fast alle Naturwissenschaftler, Theologen, Philosophen und Diplomaten verwendeten Latein als Basis ihrer Kommunikation bis ins 19. Jahrhundert. Aktiv genutzt wird Latein heute noch im Kirchenstaat Vatikan.

Latein ist klar strukturiert und logisch durchgeformt. Die einzelnen Satzglieder sind klar festgelegt, wobei die Stellung des Verbs anders als im Deutschen nicht zwingend vorgeschrieben ist. Im Unterschied zum Deutschen wird die Aussage des Satzes häufig nicht in Haupt- und Nebensätze gekleidet, sondern durch Partizip- und Infinitivkonstruktionen (Pc, Abl Abs, AcI) ausgedrückt. Die Satzbotschaft steckt oft in der Endung des Verbs. Diese Konjugationsendungen kann man sich als nachgestellte Personalpronomen vorstellen. Die meisten Endungen weisen eine schöne Regelmäßigkeit auf, aber leider nicht

Latein gehört zur Gruppe der indogermanischen Sprachen, zu denen auch unsere Muttersprache gehört. Das hat für uns den Vorteil, dass Latein und Deutsch einige ähnliche Wortfamilien und Strukturmerkmale haben, z. B.
mater *„Mutter",*
est *„ist",* sunt *„sind".*

alle, und die muss man eben lernen. Es zahlt sich aus, ein bisschen Zeit und Energie in das Vokabellernen zu investieren. Sie können dann nämlich ihr Wissen auch in anderen westeuropäischen Sprachen anwenden.

Modernes Latein

Sprache ist kein statisches Gebilde, sondern ein Mittel zur Kommunikation, das sich den Bedürfnissen seiner Nutzer anpasst. Und so wollen wir Latein hier auch verwenden und knüpfen dabei sinnvollerweise an das in der Schule vermittelte (klassische) Latein an.

Die **Wörterlisten** *am Ende des Buches enthalten einen modernen Grundwortschatz mit ca. 1400 aktuellen Wörtern.*

Die lateinische Grammatik ist im vorliegenden Band so aufbereitet, dass sie transparent und durchschaubar wird. Nicht jeder Ausnahme konnte (und sollte) Rechnung getragen werden. Haben Sie erst das Prinzip verstanden, werden Sie dieses „Grammatikgerüst" nach und nach mit weiteren Ausnahmen und Regeln füllen können, ohne den Überblick zu verlieren. Schon mit diesen Grundkenntnissen sind Sie in der Lage, Latein wie jede andere moderne Sprache zu sprechen und eine einfache Unterhaltung zu führen. Es geht nicht darum, einen Text von Cicero & Co. zu übersetzen, sondern sich zu verständigen und damit einer zu Unrecht ins Abseits geratenen Sprache zu neuem Ansehen zu verhelfen. Wenn Sie erst einmal Blut geleckt haben, können Sie sich immer noch an die Klassiker wagen!

Aussprache & Betonung

Die Aussprache des Lateinischen hat sich im Laufe der Zeit mehrfach geändert. Auch im Lateinunterricht unserer Zeit ist die Aussprache von Land zu Land unterschiedlich und richtet sich nach den Normen des jeweiligen Landes, obwohl die an das Italienische angelehnte Aussprache der Kirche in viele Sprachen eingeflossen ist.

Wir folgen hier der Aussprache, wie sie vermutlich zur Zeit Caesars und Ciceros gesprochen wurde. Grundsätzlich gilt: Man spricht die Wörter aus, wie sie geschrieben werden!

Vokale & Diphtonge

a	wie in „lachen" **lapis** (Stein)
o	kurz wie „o" in „**o**ffen" **locus** (Ort)
e	kurz wie in „R**e**chen" **repetō** (ich wiederhole)
ā	wie in „L**a**ge" **māter** (Mutter)
ō	wie in „l**o**ben" **pōmus** (Obstbaum)
ē	wie in „l**e**gen" **vērus** (wahr)

Vermutlich wurden die Vokale ähnlich wie im Deutschen ausgesprochen: kurze Vokale als offene Laute und lange Vokale als geschlossene.

Die Diphtonge, z. B. wie „ä" in „H**ä**nde", werden als Doppelvokale in einer Silbe ausgesprochen und sind lang: ae wird gesprochen wie „a+i", oe wie „o+i", eu wie „e+u", au wie „a+u".

ae	wie „a-inikma"
	aenigma (das Rätselhafte)
eu	wie „e-uropa"
	Eurōpa (Europa)

Einige Wörterbücher setzen die Längenzeichen anders oder sie fehlen ganz, z. B. bei den Wörtchen mihī und tibī.

Lange Vokale sind immer mit Querbalken gekennzeichnet. Dies erleichtert die Aussprache und ermöglicht außerdem die Einsicht in grammatische Bezüge (z. B. Verbstamm). Nicht extra bezeichnete Vokale werden kurz ausgesprochen.

Konsonanten

Bei c folgen wir der Aussprache, die wohl zur Zeit zwischen 100 v. Chr. und 100 n. Chr. üblich war, nämlich c auch vor e, i, y und ae, oe, eu wie ein stimmloses k auszusprechen, da diese Aussprache auch in Schulen üblich ist.

c	immer wie „k" in „Kind"
	cantāre (singen) „kantare"
ch	wird als Verschlusslaut wie „k+h" ausgesprochen
	schola (Schule) „skhola"
i	vor Vokal wie „j" (Reibelaut), sonst „i"
	iam (schon) „jam"
	Iūlius (Julius, Eigenname) „Julius"
s	ist stimmlos wie „ß" in „heißen"
	sacerdōs (Priester) „ßakerdos"
sp, st	wie „s+p" und „s+t", nicht „schp/scht"
	speciēs (Aussehen, Art) „s-peki-es"
	stimulus (Anreiz) „s-timulus"
ti	immer wie „t+i", nicht „tsi"
	ratiō (vernünftiges Denken)

u	nach **ng, q** und **s** wird das **u** wie das englische „w" in „<u>w</u>hat" gesprochen (Halblaut zwischen „u" und „w") **unguentum** (Salbe) „ungwuentum" **Quaestor** (Finanzbeamter) „Qwaistor"
v	wie deutsches „w" in „<u>W</u>asser" **Vārus** (P. Quintilius Varus, römischer Feldherr) „Warus"
z	wie „d" + stimmhaftem „s" wie in „Run<u>ds</u>aal" **zuchara** (Zucker) „dsukara"

Betonung

Zweisilbige Wörter, z. B. tempus (Zeit), werden immer auf der 1. Silbe betont. Bei drei- und mehrsilbigen Wörtern gilt: Die vorletzte Silbe wird betont, wenn sie lang ist (‾ langer Vokal, Doppelvokal, positionslang). Wenn diese Silbe kurz ist, wird die drittletzte Silbe betont.

Lange Silben sind Silben mit einem lang ausgesprochenen Vokal, einem Doppelvokal oder einem kurzen Vokal (!) vor einem Doppelkonsonanten; in diesem Fall spricht man von „Positionslänge".

maledīcō (ich beschimpfe)
Die vorletzte Silbe -dī ist lang, also wird sie betont.
Tarentum (Tarent), **rotundus** (abgerundet)
Das kurze e/u wird aufgrund der Stellung vor zwei Konsonanten lang ausgesprochen, die zweite Silbe ist deshalb positionslang und wird betont.
maledīcere (schmähen, beschimpfen)
Die vorletzte Silbe -ce ist kurz, also wird die drittletzte betont (-dī).

Wörter, die weiterhelfen

Mit den folgenden Formulierungen und Satzbausteinen können Sie sich auch ohne viele Grammatikkenntnisse schon gut orientieren. Floskeln stehen in der Umschlagklappe.

In die Lückensätze können Sie passende Wörter einsetzen. Falls diese gebeugt werden müssen, steht der Hinweis auf den geforderten Fall in runden Klammern.

Habēsne/habētisne ...? (+4)
hast-?/habt(-ihr)-? ...
Hast du / haben Sie ...?

Indigeō ... (+2)
benötige(-ich) ...
Ich brauche ...

Dā mihī, quaesō, ...! (+4)
gib mir³, bitte(-ich), ...
Geben Sie mir bitte ...!

Quaerō ... (+4)
suche(-ich) ...
Ich möchte ...

Quam longē est ad ...? (+4)
wie weit(Adv) ist(-es) zu ...
Wie weit ist es nach/zu ...?

Ubī est/sunt ...?
wo ist/sind ...
Wo ist/sind ...?

taberna [1] **medicāmentāria**	Apotheke
Laden für-Heilmittel	
stati|ō [3, -ōnis] (f) **ferriviāria**	Bahnhof
Standort Eisenwege-	
stati|ō [3, -ōnis] (f) **autoraedārum longārum**	Bushaltestelle
Standort Eigenantrieb-Wagen(pl)² lange(pl)²	
āëroport|us [4, -ūs] (m)	Flughafen
Lufthafen	
valētūdinārium [2]	Krankenhaus
forum [2]	Marktplatz
supervēnālicium [2]	Supermarkt
Superwarenladen	
taxiraeda [1] *(Taxier-Wagen)*	Taxi

Quandō ... aperītur/aperiuntur?
wann ... aufgeschlossen-wird/-werden(-sie)
Wann ist/sind ... geöffnet?

Quandō ... clauditur/clauduntur?
wann ... geschlossen-wird/-werden(-sie)
Wann wird/werden ... geschlossen?

Vēneuntne hīc ...? (+2/+5)
verkauft-werden(-sie)-? hier ...
Gibt es hier ...?

Etiam./Nōn.
auch/nicht
Ja./Nein.

Quota est hōra?
wievielte(f) ist Stunde
Wie viel Uhr ist es?

Hōra sexta est.
Stunde sechste ist
Es ist sechs Uhr.

Achtung, jetzt wird
im 5. Fall gebeugt:

Tertiā (hōrā).
dritte⁵ (Stunde⁵)
Um drei Uhr.

Quantī cōnstat hoc?
wieviele(pl) kostet dieses
Wie viel kostet das?

Hoc octōgintā monētīs Eurōpaeīs cōnstat.
dieses achtzig Münzen⁵ europäische⁵ kostet(-es)
Das kostet 80 Euro.

Falls Sie sich am Anfang noch nicht mit der Deklination (also den Fällen) auseinandersetzen wollen, können Sie die Wörter vorerst ungebeugt einsetzen. Verstehen wird man Sie trotzdem.

Substantive, Adjektive & Artikel

Das Lateinische kennt keine Artikel. Aus dem Zusammenhang lässt sich mit einiger Übung aber erkennen, ob das Substantiv mit bestimmtem Artikel („der, die das"), dem unbestimmten Artikel („ein, eine") oder gar keinem Artikel übersetzt werden muss.

amīca	(die/eine) Freundin

Substantive und Adjektive (sowie auch alle anderen Wortarten, die unter die Rubrik „Nomen" fallen) können wie im Deutschen dekliniert werden. Dazu wird die Endung des Substantivs (hier durch Bindestriche vom Wortstamm getrennt geschrieben) durch die Endung des gewünschten Kasus ersetzt. Mehr dazu im Kapitel „Kasus & Deklination".

Die Endung des Substantivs gibt (meistens eindeutig) Auskunft über Singular (abgekürzt „sg") oder Plural (abgekürzt „pl") und über das grammatische Geschlecht, abgekürzt „m" (maskulinum), „f" (femininum), „n" (neutrum, was wörtlich „keins von beiden" bedeutet).

amīc-us (m)	**amīc-a** (f)	**for-um** (n)
Freund	Freundin	Markt
amīc-i (m pl)	**amīc-ae** (f pl)	**for-a** (n pl)
Freunde	Freundinnen	Märkte

Adjektive haben wie Substantive einen Stamm und eine Endung und können wie diese dekliniert werden. Sie kennen maskuline, feminine und sächliche Formen in allen lateinischen Kasus. Hier nur der 1. Fall:

bon-us (m), **bon-a** (f), **bon-um** (n)	gut

Wenn ein Adjektiv ein Substantiv näher beschreibt (attributiver Gebrauch), ist es meistens dem jeweiligen Substantiv nachgestellt und richtet sich in <u>K</u>asus, <u>N</u>umerus und <u>Ge</u>nus (das ist die so genannte KNG-Regel!) nach diesem:

KNG-Regel

amīcus bonus	**amīcī bonī**
guter Freund	gute Freunde
amīca bona	**amīcae bonae**
gute Freundin	gute Freundinnen

Diese Regel gilt auch für den Gebrauch des Adjektivs als Gleichsetzungsgröße (Prädikatsnomen, Prädikativum) zum Subjekt des Satzes in Verbindung mit dem unregelmäßigen Verb esse (sein). Im Deutschen passt sich das Adjektiv nur als Beifügung dem Hauptwort an, als Prädikativum in einem Satz mit „sein" bleibt es unverändert.

māter bona	**Māter bona est.**
Mutter gute(f)	*Mutter gute(f) ist*
die gute Mutter	Die Mutter ist gut.

puellae pulchrae
Mädchen(pl) schöne(pl)
die schönen Mädchen, schöne Mädchen

Puellae pulchrae sunt.
Mädchen(pl) schöne(pl) sind(-sie)
Die Mädchen sind schön.

Kasus & Deklination

Latein steht und fällt mit der Deklination. Da darf man sich nichts vormachen. Viele der folgenden Beispiele, die die Anwendung der Fälle illustrieren sollen, greifen der Grammatik schon etwas voraus. Verwenden Sie dieses Kapitel deshalb vor allem auch zum Nachschlagen.

Die lateinische Sprache war im Laufe ihrer Geschichte den vielfältigsten Einflüssen ausgesetzt. Daraus erklären sich auch die recht unterschiedlichen Wortstämme und Beugungsformen. In der folgenden Übersicht ist der Wortstamm jeweils durch einen Bindestrich von der Endung getrennt aufgeführt.

Die Endungen von Substantiven, Adjektiven und Pronomen verändern sich je nach dem Kasus (Fall), der aufgrund ihrer jeweiligen Bedeutung im Satz gefordert wird. Diese Beugung wird „Deklination" genannt.

Den Kasus eines Satzteils kann man durch Nachfragen mit Fragewörtern ermitteln:

1. Fall (Nominativ):	„wer/was?"	**amīc-us** „(der/ein) Freund"
2. Fall (Genitiv):	„wessen?"	**amīc-ī** „des Freundes"
3. Fall (Dativ):	„wem?"	**amīc-ō** „dem Freund"
4. Fall (Akkusativ):	„wen?"	**amīc-um** „den Freund"
5. Fall (Ablativ):	„durch wen?", „mit/von wem?"	**amīc-ō** „durch den Freund" oder „mit/von dem Freund"
6. Fall (Vokativ):	Anrede	**amīc-e!** „Freund!"

Achtung: Die hochgestellten Ziffern in der Wort-für-Wort-Übersetzung bezeichnen den Fall, und nicht die Deklinationsklasse des betreffenden Substantivs!

Das Deutsche kennt nur 4 Fälle. Der lateinische 5. Fall ist im Deutschen am besten zusammen mit einer passenden Präposition zu übersetzen.

Der 6. Fall (Vokativ) wird nur für die Anrede benutzt. Es gibt nur bei der o-Deklination eine besondere Form, bei allen anderen Deklinationen ist der 6. Fall identisch mit dem 1. Fall (Nominativ).

Deklination der Substantive

Die Substantive werden entsprechend ihrer Deklinationsmuster in 5 Gruppen eingeteilt:

Die meisten Substantive der a-Deklination sind feminin (weiblich). Personennamen und Berufe können maskulin (männlich) sein. Flussnamen sind im Lateinischen ebenfalls maskulin:

1. oder a-Deklination

In den Wörterlisten werden Substantive mit der Nummer des jeweiligen Deklinationsmusters in eckigen Klammern gekennzeichnet. Alle Ausnahmen werden gekennzeichnet.

poëta [1] (m)	Dichter
agricola [1] (m)	Bauer
astronauta [1] (m)	Astronaut
cosmonauta [1] (m)	Kosmonaut
dentista [1] (m)	Zahnarzt
aëroplanïga [1] (m)	Pilot
Mosella [1] (m)	Mosel
Amïsia [1] (m)	Ems
Sëquana [1] (m)	Seine

Die meisten Hauptwörter der o-Deklination, die auf -us enden, sind maskulin. Feminin sind die Namen von Orten, Inseln und Ländern auf -us sowie humus (Erdboden).

2. oder o-Deklination

Es gibt einige Hauptwörter der o-Deklination, bei denen die Endung -us fehlt. Alle Wörter mit der Endung -um im 1. Fall Einzahl sind neutrum.

Corinthus (f)	**Rhodus** (f)	**Aegyptus** (f)	**humus** (f)
Korinth	Rhodos	Ägypten	Erdboden

ager (m)	**vir** (m)	**magister** (m)	**puer** (m)
Acker	Mann	Lehrer	Junge

forum (n)	**plaustrum** (n)
der Markt	der Wagen

3. oder gemischte (konsonantische) Deklination

Die 3. Deklination wird auch die gemischte Deklination genannt, weil sie verschiedene Wortstämme umfasst; grundsätzlich sollte man sich hier den Genitiv des Wortes einprägen, um die anderen Fälle ableiten zu können. Die Endungen selbst sind nämlich wieder absolut regelmäßig.

Männlich sind die meisten Wörter auf -l und -r im 1. Fall, außer bei den Wörtern, deren grammatisches Geschlecht (Genus) mit dem biologischen Geschlecht übereinstimmt.

Feminin sind (abgesehen vom biologischen Geschlecht) viele Wörter auf -ō, alle auf -tiō, -tūdō, -gō und Wörter auf -tās. Neutrum sind die Wörter auf -men und Wörter auf -us, die im 2. Fall auf -eris oder -oris enden.

hom|**ō** [3, -inis] (m)	Mensch
narrāt|**or** [3, -ōris] (m)	Erzähler
imperāt|**or** [3, -ōris] (m)	Feldherr
imb|**er** [3, -ris] (m)	Regen
narrāti|**ō** [3, -ōnis] (f)	Erzählung
magnitūd|**ō** [3, -inis] (f)	Größe
libert|**ās** [3, -ātis] (f)	Freiheit
trām|**en** [3, -inis] (n)	Zug
temp|**us** [3, -oris] (n)	Zeit

Mōnstrum hominis est!

Ungeheuer/Scheusal Mensch[2] ist
Er ist ein richtiges Ekel/Scheusal!

4. od. u-Deklination

cās|**us** [4, -ūs] (m)	der Fall
dom|**us** [4, -ūs] (f)	das Haus
man|**us** [4, -ūs] (f)	die Hand
corn|**ū** [4, -ūs] (n)	das Horn

Die Substantive der 4. Deklination auf -us sind meist maskulin, die Substantive auf -u sind neutrum.

Manus manum lavat.

Hand Hand[4] wäscht(-sie)
Eine Hand wäscht die andere.

Domum ī!

Haus[4] geh
Geh nach Haus!

Vehiturne raeda trānsviāria (ad) āeroportum?

gefahren-wird(-sie)? Reisewagen
über-Wege-fahrende (zu⁺⁴) Flughafen⁴

Geht eine Straßenbahn zum Flughafen?

Dā mihī manum tuum!

gib mir³ Hand⁴ deine⁴

Gib mir deine Hand!

Für die 4. und die 5. Deklination braucht man sich nicht so viele Substantive zu merken. Einige von ihnen sind jedoch sehr häufig, wie z. B. domus, manus und rēs.

Die Substantive der 5. Deklination sind fast alle feminin. Nur rēs und diēs bilden eine vollständige Mehrzahl. Lediglich diēs in der Bedeutung „der Tag" und meridiēs (Mittag, Süden) sind maskulin.

5. oder e-Deklination

Rēs ist sehr häufig und kann die unterschiedlichsten Bedeutungen annehmen:

Rem gerit.

Sache⁴ führt(-er)

Er macht Geschäfte.

Quid hoc rcī cst?

was dieses(n) Sache² ist

Was soll dies bedeuten?

Rēs male sē habet.

Sache schlecht ihn⁴ hat

Es steht schlecht um ihn.

Id sōlum tuā rē est!

es bloß dein⁵ Sache⁵ ist

Es ist nur zu deinem Vorteil!

Unsere „Republik" ist abgeleitet von rēs pūblica (wörtl.: „Sache öffentliche" = „öffentliche Angelegenheit").

Diēs noctēsque labōrāvī.

Tage⁴ Nächte⁴-und gearbeitet-habe(-ich)

Ich habe Tag und Nacht gearbeitet.

Diē ac nocte in viā fuī.

Tag⁵ und Nacht⁵ in⁺⁵ Weg⁵ gewesen-bin

Ich war bei Tag und Nacht unterwegs.

Die Kürzel [1] - [5] geben die Deklinationsklasse an!

■1./a-Deklination [1]		■2./o-Deklination [2]	
Singular f		m	n
1. Fall	**amīc-a** (Freundin)	**amīc-us** (Freund)	**for-um** (Markt)
2. Fall	amīc-ae	amīc-ī	for-ī
3. Fall	amīc-ae	amīc-ō	for-ō
4. Fall	amīc-am	amīc-um	for-um
5. Fall	amīc-ā	amīc-ō	for-ō
6. Fall	amīc-a	amīc-e	(forum)
Plural f		m	n
1. Fall	amīc-ae	amīc-ī	for-a
2. Fall	amīc-ārum	amīc-ōrum	for-ōrum
3. Fall	amīc-īs	amīc-īs	for-īs
4. Fall	amīc-ās	amīc-ōs	for-a
5. Fall	amīc-īs	amīc-īs	for-īs
6. Fall	amīc-ae	amīc-ī	(forum)

■3./gemischte (konsonantische) Deklination [3]		
Singular m	f	n
1. Fall	**homō** (Mann)	**orātiō** (Rede)	**temp-us** (Zeit)
2. Fall	homin-is	orātiōn-is	tempor-is
3. Fall	homin-ī	orātiōn-ī	tempor- ī
4. Fall	homin-em	orātiōn-em	tempus
5. Fall	homin-e	orātiōn-e	tempor-e
6. Fall	homō!	(orātiō)	(tempus)
Plural m	f	n
1. Fall	homin-ēs	orātiōn-ēs	tempor-a
2. Fall	homin-um	oratiōn-um	tempor-um
3. Fall	homin-ibus	orātiōn-ibus	tempor-ibus
4. Fall	homin-ēs	orātiōn-ēs	tempor-a
5. Fall	homin-ibus	orātiōn-ibus	tempor-ibus
6. Fall	hominēs!	(orātiōnēs)	(tempus)

■4./u-Deklination [4]

Singular	m	f	n
1. Fall	cās-us (Fall)	man-us (Hand)	corn-ū (Horn)
2. Fall	cās-ūs	man-ūs	corn-ūs
3. Fall	cās-uī	man-uī	corn-ū
4. Fall	cās-um	man-um	corn-ū
5. Fall	cās-ū	man-ū	corn-ū
6. Fall	(cās-us)	(man-us)	(cornū)
Plural	**m**	**f**	**n**
1. Fall	cas-ūs	man-ūs	corn-ua
2. Fall	cas-uum	man-uum	corn-uum
3. Fall	casi-bus	man-ibus	corn-ibus
4. Fall	cas-ūs	man-ūs	corn-ua
5. Fall	casi-bus	man-ibus	corn-ibus
6. Fall	(cas-ūs)	(man-ūs)	(corn-ua)

■5./e-Deklination [5]

Singular	f	m
1. Fall	rēs (Sache)	di-ēs (Tag)
2. Fall	reī	dī-ēī
3. Fall	reī	di-ēī
4. Fall	rem	di-em
5. Fall	rē	di-ē
6. Fall	(rēs)	(di-ēs)
Plural	**f**	**m**
1. Fall	rēs	di-ēs
2. Fall	rērum	di-ērum
3. Fall	rēbus	di-ēbus
4. Fall	rēs	di-ēs
5. Fall	rēbus	di-ēbus
6. Fall	(rēs)	(di-ēs)

Achtung:
In der 2. Deklination gibt es eine Ausnahme: Namen/Substantive auf -ius bilden den Vokativ nicht auf -e, sondern auf -ī, z. B. Lucius *(Eigenname)* wird zu Lucī! *(Lucius!),* filius *(Sohn) wird zu* filī! *(Sohn!).*

Deklination der Adjektive

Für die Adjektive gibt es drei unterschiedliche Beugungsmuster (Deklinationen). Die Adjektive der a-/o-Deklination werden gemäß den schon bekannten Deklinationen der Substantive der a-/o-Deklination dekliniert.

	■1./a-Dekl.	■2./o-Deklination		■3./gemischte Dekl.	
Sg	**f**	**m**	**n**	**m/f**	**n**
1. Fall	bon-a	bon-us	bon-um	fēlīx	fēlīx
2. Fall	bon-ae	bon-ī	bon-ī	fēlīc-is	fēlīc-is
3. Fall	bon-ae	bon-ō	bon-ō	fēlīc-ī	fēlīc-ī
4. Fall	bon-am	bon-um	bon-um	fēlīc-em	fēlīx
5. Fall	bon-ā	bon-ō	bon-ō	fēlīc-ī	fēlīc-ī
6. Fall	bon-a	bon-e	bon-um	fēlīx	fēlīx
Pl	**f**	**m**	**n**	**m/n**	**n**
1. Fall	bon-ae	bon-ī	bon-a	fēlīc-ēs	fēlīc-ia
2. Fall	bon-ārum	bon-ōrum	bon-ōrum	fēlīc-ium	fēlīc-ium
3. Fall	bon-īs	bon-īs	bon-īs	fēlīc-ibus	fēlīc-ibus
4. Fall	bon-ās	bon-ōs	bon-a	fēlīc-ēs	fēlīc-ia
5. Fall	bon-īs	bon-īs	bon-īs	fēlīc-ibus	fēlīc-ibus
6. Fall	bon-ae	bon-ī	bon-a	fēlīc-ēs	fēlīc-ia

Alle Adjektive mit i-Stämmen werden nach dem 3. Deklinationsmuster gebeugt, wobei lediglich jeweils der 1. Fall abweicht.

Die gemischte Gruppe umfasst vor allem Adjektive der so genannten i-Stämme. Hierzu gehören Wörter, die nur eine Endung in allen drei grammatischen Geschlechtern haben, z. B. fēlīx (m/f/n) „glücklich"; Adjektive mit zwei Endungen, z. B. fortis (m), fortis (f), forte (n) „stark", sowie Adjektive mit drei verschiedenen Endungen, z. B. ācer (m), ācris (f), ācre (n) „scharf".

Die andere Gruppe der gemischten Deklination umfasst die so genannten konsonantischen Stämme. Es gibt nicht sehr viele davon. Die wichtigsten kann man sich leicht merken (in eckigen Klammern steht jeweils der 2. Fall Singular):

dīv|es [-itis]	reich	**pauper** [-is]	arm
vet|us [-eris]	alt	**vict|or** [-ōris]	siegreich

Es gibt nur drei kleine Unterschiede zum letztgenannten Beugungsmuster:

5. Fall Sg	2. Fall Pl	1./6./4. Fall Pl
-e statt **-i**	**-um** statt **-ium**	**-a** statt **-ia**

Für die Adjektive der gemischten Gruppe wird immer der 2. Fall Singular in der Vokabelliste aufgeführt (zur Systematik s. Wörterliste im Anhang).

Personalpronomen

Die Lateiner „verstecken" die Personalpronomen in den Verben und müssen sie nicht zwangsläufig wie im Deutschen benutzen, um anzugeben, wer eine Tätigkeit ausführt bzw. was geschieht (unpersönl. Ausdrücke).

Dominus sum, fūnctiōnārius es.
Herr bin, Ausführender bist
Ich bin der Chef, du bist der Angestellte.

Egō dominus sum, tū fūnctiōnārius es!
ich Herr bin, du Ausführender bist
Ich bin (hier) der Chef, du bist (hier nur) der Angestellte! (Bei Betonung)

Darüber hinaus kann man Substantive durch das entsprechende Pronomen ersetzen, z. B. „Der Freund kauft Blumen für die Freundin und gibt *sie ihr*." statt „... und gibt *der Freundin die Blumen*."

Personalpronomen

*Das Pronomen über-**Amīcus amīcam amat.***   **Eam amat.**
nimmt den Fall   *Freund Freundin⁴ liebt(-er)*   *sie⁴ liebt(-er)*
(Kasus), die Zahl   Der Freund liebt die Freundin.   Er liebt sie.
(Numerus) und das

grammatische   Hier eine Übersicht über die Deklination in
Geschlecht (Genus)   allen fünf Kasus. Den 6. Fall kann man hier
des Satzteils, den es   nicht bilden. In der 3. Person Plural wird un-
ersetzt (KNG-Regel!).   terschieden, ob es sich um (nur) maskuline
oder feminine Personen/Dinge handelt. Bei
gemischtgeschlechtlichen Gruppen wird die
maskuline Pluralform verwendet.

Sg	1. P.	2. P.	3. P. m	3. P. f	3. P. n
1.	**egō**	**tū**	**is**	**ea**	**id**
	ich	du	er	sie	es
2.	**meī**	**tuī**	**eius**	**eius**	**eius**
	meiner	deiner	seiner	ihrer	seiner
3.	**mihī**	**tibī**	**eī**	**eī**	**eī**
	mir	dir	ihm	ihr	ihm
4.	**mē**	**tē**	**eum**	**eam**	**id**
	mich	dich	ihn	sie	es
5.	**(ā) mē**	**(ā) tē**	**eō**	**eā**	**eō**
	von mir	von dir	durch ihn	durch sie	durch es
Pl	**1. P.**	**2. P.**	**3. P. m**	**3. P. f**	**3. P. n**
1.	**nōs**	**vōs**	**eī (iī)**	**eae**	**ea**
	wir	ihr	sie	sie	sie
2.	**nostrī**	**vestrī**	**eōrum**	**eārum**	**eōrum**
	unser	euer	ihrer	ihrer	ihrer
	nostrum	**vestrum**			
	(von) uns	(von) euch			
3.	**nōbis**	**vōbis**	**eīs (iīs)**	**eīs (iīs)**	**eīs (iīs)**
	uns	euch	ihnen	ihnen	ihnen
4.	**nōs**	**vōs**	**eōs**	**eās**	**ea**
	uns	euch	sie	sie	sie
5.	**(ā) nōbis**	**ā vōbis**	**eīs (iīs)**	**eīs (iīs)**	**eīs (iīs)**
	durch uns	durch euch	durch sie	durch sie	durch sie

Nostrī (unser) und vestrī (euer) werden verwendet für z. B. „wir erinnern uns *euer*". Im Deutschen ist dies nicht mehr oft und auch nur bei einigen Verben, die mit dem Genitiv stehen, gebräuchlich! Es gibt im Latein aber auch den so genannten Genitivus partitivus, er bezeichnet die Frage nach einem Teil aus einem Ganzen („Wer *von euch* kommt?"); für diesen Genitiv muss nostrum bzw. vestrum benutzt werden.

Reflexivpronomen

Genau wie im Deutschen gibt es einen Unterschied zwischen einem reflexiven und einem nicht-reflexiven Personalpronomen. „Reflexiv" bedeutet, dass sich das jeweilige Pronomen auf das Subjekt des Satzes bezieht (z. B. „er sieht *sich* (selbst)". Nicht-reflexiv ist es, wenn es sich nicht auf das Subjekt des Satzes, sondern auf ein anderes Substantiv bezieht („er sieht *ihn* (= jemand anderen)").

Iulius eam amat.	**Iulius sē amat.**
Julius sie[4] liebt(-er)	*Julius sich[4] liebt(-er)*
Julius liebt sie.	Julius liebt sich (selbst).

Für die 3. Person (= Person/en, über die gesprochen wird) weichen die Reflexivpronomen von den oben genannten gebeugten Personalpronomen ab. Für die 1. (sprechende) und 2. (angesprochene) Person gibt es keine separaten Reflexivpronomen, da die Rückbezüglichkeit im Satz ja immer eindeutig ist.

Die Reflexivpronomen unterscheiden nur den Fall, nicht aber Singular und Plural oder das grammatische Geschlecht!

Für den 1. und 6.
Fall (Nominativ)
gibt es keine
Reflexivpronomen.

2. Fall	**suī**	seiner, ihrer
3. Fall	**sibī**	sich
4. Fall	**sē**	sich
5. Fall	**ā sē**	von sich
	sēcum	mit sich

Possessivpronomen

Die Possessivpronomen unterscheiden nur für die 3. Person reflexive und nicht-reflexive Pronomen, für die 1. und 2. Person sind sie identisch. Die Possessivpronomen werden wie Adjektive der 1. und 2. Deklination (a-/o-Deklination) dekliniert.

Hier jeweils nur der 1. Fall für ein gedachtes Substantiv im Singular:

Singular	m	f	n	Plural	m	f	n
1. P. „mein"	**meus**	**mea**	**meum**	„unser"	**noster**	**nostra**	**nostrum**
2. P. „dein"	**tuus**	**tua**	**tuum**	„euer"	**vester**	**vestra**	**vestrum**
3. P. „sein, ihr"							
nicht-reflexiv	eius	eius	eius	„ihr"	eōrum	eārum	eōrum
reflexiv	suus	sua	suum	„ihr"	suus	sua	suum

Die Possessiv-
pronomen sind
dem zugehörigen
Substantiv oft nach-
gestellt und gehorchen
der KNG-Regel.

fīlius meus	**fīlia mea**	**fīlius noster**
Sohn mein	*Tochter mein*	*Sohn unser*
mein Sohn	meine Tochter	unser Sohn
fīliī meī	**fīliae meae**	**fīliae suae**
Söhne meine	*Töchter meine*	*Töchter ihre*
meine Söhne	meine Töchter	ihre Töchter

Steigern & Vergleichen

Im Lateinischen wird der **Komparativ** (z. B. **Steigerungsstufen** „stärker" als") gebildet, indem die Adjektiv- **des Adjektivs** endung durch die Komparativendung ausgetauscht wird (Beispiel: cārus „lieb, teuer"):

	Singular		Plural	
	m/f	n	m/f	n
1. Fall	cārior	cārius	cāriōr-ēs	cāriōr-a
2. Fall	cāriōr-is	cāriōr-is	cāriōr-um	cāriōr-um
3. Fall	cāriōr-ī	cāriōr-ī	cāriōr-ibus	cāriōr-ibus
4. Fall	cāriōr-em	cārius	cāriōr-ēs	cāriōr-a
5. Fall	cāriōr-e	cāriōr-e	cāriōr-ibus	cāriōr-ibus

Bei den Adjektiven der a- und o-Deklination, die in der maskulinen Form auf -er enden, kann das -e- entfallen:

pulch-er (m)	pulch-ra (f)	pulch-rum (n)	schön
pulch-rior (m)	pulch-rior (f)	pulch-rius (n)	schöner
miser (m)	miser-a (f)	miser-um (n)	unglücklich
miser-ior (m)	miser-ior (f)	miser-ius (n)	unglücklicher

Bei der konsonantischen Deklination (i-Stämme) wird -ior/-ius an den Stamm gehängt:

fort-is (m)	fort-is (f)	fort-e (n)	stark
fort-ior (m)	fort-ior (f)	fort-ius (n)	stärker

Der **Superlativ** wird gebildet, indem man folgende Endungen anhängt:

-issimus/**-a**/**-um**	an den Adjektivstamm; aber:
-rimus/**-a**/**-um**	an Adjektive, die auf **-er** enden
-limus/**-a**/**-um**	an einen Stamm, der auf **-l** endet

Folgende häufig gebrauchte und unregelmäßige Adjektive sollte man parat haben (die mit * gekennzeichneten Formen werden nach der a-/o-Deklination, die anderen nach der konsonantischen gebeugt):

bonus* (gut)	**melior, melius** (besser)	**optimus*** (der beste)
malus* (schlecht)	**peior, peius** (schlechter)	**pessimus*** (der schlechteste)
māgnus* (groß)	**māior, māius** (größer)	**maximus*** (der größte)
parvus* (klein)	**minor, minus** (kleiner)	**minimus*** (der kleinste)
multi* (viele)	**plūrēs, plūra** (mehr, die Mehrheit)	**plūrimī*** (die meisten)

Vergleich bei Gleichheit

tam ... quam	so ... wie
tot ... quot	so viele ... wie
tantus/-a ... quantus/-a (m/f)	so groß ... wie
tantum ... quantum (n)	so viel ... wie
tālis ... quālis	so (beschaffen) ... wie

Achtung: Bis auf tam ... quam und tot ... quot richten sich diese Vergleichswörter in Genus und Numerus nach dem Subjekt!

Antonius tam fortis est quam Iulius.
Antonius so stark(m) ist wie Julius
Antonius ist so stark wie Julius.

Iūlia nōn est tam pulchra quam Antonia.
Julia nicht ist so schön(f) wie Antonia
Julia ist nicht so schön wie Antonia.

Vergleich bei Ungleichheit

Bei Ungleichheit wird der Komparativ des Adjektivs (KNG-Regel!) mit dem Vergleichswort quam (wie, als) gebraucht.

Quam heißt „wie" und „als"!

Mārcus fortior est quam Iūlius.
Markus stärker(m) ist als Julius
Markus ist stärker als Julius.

Anna pulchrior est quam Mārtina.
Anna schöner(f) ist als Martina
Anna ist schöner als Martina.

*Im Deutschen wie im
Lateinischen gibt es
auch eine absolute
Form, die nicht
vergleicht, aber doch
eine Wertung bedeutet
(„ziemlich ...").*

Autoraedam celeriōrem dūcit.
Eigenantrieb-Wagen⁴ schnelleres⁴ führt(-er)
Er fährt ein ziemlich schnelles Auto.

Superlativ/Elativ

Iter meum ācerrimum erat.
Weg meiner härtester war(-er)
Meine Reise war äußerst anstrengend.

*Den Superlativ des
Adjektivs kann man
auch mit dem Elativ
(„sehr/äußerst ...")
übersetzen.*

Vestis habitum mīrificissimum certē habēs!
*Kleidung² Aussehen⁴ außerordentlichstes⁴
gewiss(Adv) hast*
Du hast wirklich ein supergeiles Outfit!

Verben & Zeiten im Indikativ

Alle Informationen, die die handelnde Person, die Zeitstufe, die Modalität, Aktiv/Passiv betreffen, werden im Lateinischen an den Verbstamm angehängt.

Infinitiv Präsens Aktiv

Der Infinitiv Präsens Aktiv (außer bei den Deponentien und einiger unregelmäßigen Verben) besteht aus dem Präsensstamm und der Infinitiv-Endung -re. Die Beschaffenheit der

Merke: Die Beugung von Substantiven, Adjektiven und Pronomen nennt man „Deklination" (hier geht es um die Fälle), die Beugung von Verben nennt man „Konjugation" (hier geht es um die Zeitstufen etc.).

Stämme sagt etwas über das Konjugationsmuster aus. Man unterscheidet im Lateinischen fünf verschiedene Konjugationsmuster, wobei die ā-Konjugation die größte Gruppe darstellt.

ā-Konjugation	**amā-re** (lieben)
ē-Konjugation	**docē-re** (lehren)
Mischkonjugation (konsonant.)	**pete-re** (bitten)
Konj. mit langem ī	**audī-re** (hören)
Konj. mit kurzem i (Präsensstamm: **faci-**)	**face-re** (machen)

Für die Klassenzuordnung und die Aussprache sollte man die Längenangaben (Querbalken) auf den Selbstlauten beachten. Bei allen „normalen" Verben hat der Infinitiv Präsens die Endung -re. Üblicherweise lernt man diese Grundform zusammen mit der 1. Person Präsens und kann dann das Präsens, das Imperfekt und das Futur I bilden.

Präsens

Um das Konjugieren der aus der Wörterliste herausgesuchten Verben zu erleichtern, werden die Verben mit der „Zahl" des jeweiligen Konjugationsmusters gekennzeichnet.

Um das Präsens (z. B. „ich liebe") zu bilden, werden an den Präsensstamm personenspezifische Endungen angehängt. Hierbei müssen jedoch geringfügige Abweichungen beim Stamm beachtet werden (s. Tabelle).

Somnīculum faciunt.
Schläfchen[4] machen(-sie)
Sie machen ein Nickerchen.

Mūsicam audit.
Musik[4] hört(-er/-sie)
Er/sie hört Musik.

	ā-Konj. [1]	ē-Konj. [2]	Mischk. [3]	ī-Konj. [4]	i-Konj. [5]
	amāre	docēre	petere	audīre	facere
	(lieben)	*(lehren)*	*(bitten)*	*(hören)*	*(machen)*
ich	am-ō	doce-ō	pet-ō	audi-ō	faci-ō
du	amā-s	docē-s	pet-i-s	audī-s	faci-s
er/sie/es	ama-t	doce-t	pet-i-t	audi-t	faci-t
wir	amā-mus	docē-mus	pet-i-mus	audī-mus	faci-mus
ihr	amā-tis	docē-tis	pet-i-tis	audī-tis	faci-tis
sie (pl)	ama-nt	doce-nt	pet-u-nt	audi-u-nt	faci-u-nt

Imperfekt

Das Imperfekt (z. B. „ich liebte") wird gebildet,
indem zwischen Präsensstamm und Personalendung das Vergangenheitskennzeichen -ba-
eingefügt wird. Die 1. Person Sg („ich") hat in
der lateinischen Vergangenheit jedoch die Endung -m. Die Mischklasse ergänzt ein -ē-, auch
die beiden i-Klassen fügen ein -ē- ein!

Labōrābam.　　　**Āëronavis dēscendēbat.**

arbeitete(-ich)　　*Luftschiff hinunterstieg(-es)*

Ich arbeitete.　　　Das Flugzeug landete.

	ā-Konj. [1]	ē-Konj. [2]	Mischk. [3]	ī-Konj. [4]	i-Konj. [5]
	amāre	docēre	petere	audīre	facere
	(lieben)	*(lehren)*	*(bitten)*	*(hören)*	*(machen)*
ich	amā-ba-m	docē-ba-m	pet-ē-ba-m	audi-ē-ba-m	faci-ē-ba-m
du	amā-bā-s	docē-bā-s	pet-ē-bā-s	audi-ē-bā-s	faci-ē-bā-s
er/sie/es	amā-ba-t	docē-ba-t	pet-ē-ba-t	audi-ē-ba-t	faci-ē-ba-t
wir	amā-bā-mus	docē-bā-mus	pet-ē-bā-mus	audi-ē-bā-mus	faci-ē-bā-mus
ihr	amā-bā-tis	docē-bā-tis	pet-ē-bā-tis	audi-ē-bā-tis	faci-ē-bā-tis
sie (pl)	amā-ba-nt	docē-ba-nt	pet-ē-ba-nt	audi-ē-ba-nt	faci-ē-ba-nt

Futur I

3.-5. Konjugation:
Das Zeitkürzel -bi-
entfällt! Die 1. Person
Sg macht mit -a- als
Zukunftszeichen und
-m als Personalendung
eine Ausnahme.

Für das Futur I (z. B. „ich werde lieben") wird zwischen Präsensstamm und Personalendung das Futurkennzeichen -bi- (ā- und ē-Klasse) geschoben. In der 1. Person Sg ist das -bi- zu -b- verkürzt, und -o ist Personalendung, in der 3. Person Pl ist das Futurkennzeichen -bu-.

	ā-Konj. [1]	ē-Konj. [2]	Mischk. [3]	ī-Konj. [4]	i-Konj. [5]
	amāre	docēre	petere	audīre	facere
	(lieben)	*(lehren)*	*(bitten)*	*(hören)*	*(machen)*
ich	amā-b-ō	docē-b-ō	pet-a-m	audi-a-m	faci-a-m
du	amā-bi-s	docē-bi-s	pet-ē-s	audi-ē-s	faci-ē-s
er/sie/es	amā-bi-t	docē-bi-t	pet-e-t	audi-e-t	faci-e-t
wir	amā-bi-mus	docē-bi-mus	pet-ē-mus	audi-ē-mus	faci-ē-mus
ihr	amā-bi-tis	docē-bi-tis	pet-ē-tis	audi-ē-tis	faci-ē-tis
sie (pl)	amā-bu-nt	docē-bu-nt	pet-e-nt	audi-e-nt	faci-e-nt

Hoc (certē) efficiēmus!
dieses (gewiss(Adv)) schaffen-werden(-wir)
Wir werden das (schon) schaffen!

Perfekt

Den Perfektstamm
lernt man zusammen
mit dem Infinitiv
(z. B. laudāre *„loben")*
und der 1. Pers. Sg
*Präsens (*laudō *„ich*
lobe") als die 1. Pers.
*Sg Perfekt (*laudāvi
„ich habe gelobt").

Das Perfekt ist eine Vergangenheitsform. Um sie zu bilden, wird der so genannte Perfektstamm gebraucht. Er ist bei den Verben der ā-Klasse ziemlich regelmäßig, da er sich bei den meisten Verben nicht verändert. Ansonsten kommt man nicht umhin, das Perfekt der Verben auswendig zu lernen. Die Personalendungen, die an den Perfektstamm gehängt werden, sind immer regelmäßig!

	ā-Konj. [1]	ē-Konj. [2]	Mischk. [3]	ī-Konj. [4]	i-Konj. [5]
	amāre	docēre	petere	audīre	facere
	(lieben)	*(lehren)*	*(bitten)*	*(hören)*	*(machen)*
ich	amāv-ī	docu-ī	petīv-ī	audīv-ī	fēc-ī
du	amāv-istī	docu-istī	petīv-istī	audīv-istī	fēc-istī
er/sie/es	amāv-it	docu-it	petīv-it	audiv-it	fēc-it
wir	amāv-imus	docu-imus	petīv-imus	audīv-imus	fēc-imus
ihr	amāv-istis	docu-istis	petīv-istis	audīv-istis	fēc-istis
sie (pl)	amāv-ērunt	docu-ērunt	petīv-ērunt	audīv-ērunt	fēc-ērunt

Das Perfekt beschreibt die Schritte bzw. die Abfolge einer Handlung und beantwortet die Frage „Was passierte dann?", während das Imperfekt den Zeitrahmen oder die Zeitumstände der im Perfekt beschriebenen Handlung in der Vergangenheit vorgibt; es beschreibt nicht die Handlungsfolge.

Perfekt und Imperfekt treten zusammen auf und können – außer im Dialog – auch im Deutschen mit der Vergangenheit übersetzt werden.

Hoc iam diū fēcī/vīdī!

dieses⁴ schon lange gemacht-habe/gesehen-habe
Das habe ich schon längst gemacht/gesehen!

Nuno id intellēxī!

nun es⁴ verstanden-habe
Jetzt habe ich es verstanden!

Per tōtum vesperum sōlum stomachōsa erat!

durch·⁴ ganzen⁴ Abend⁴ nur launisch(f) war(-sie)
Sie hat den ganzen Abend nur rumgezickt!

Plusquamperfekt

Das Plusquamperfekt bezeichnet eine Handlung, die noch vor einer bereits geschehenen, vergangenen Handlung passierte.

	ā-Konj. [1]	ē-Konj. [2]	Mischk. [3]	ī-Konj. [4]	i-Konj. [5]
	amāre	docēre	petere	audīre	facere
	(lieben)	*(lehren)*	*(bitten)*	*(hören)*	*(machen)*
ich	amāv-eram	docu-eram	petīv-eram	audīv-eram	fēc-eram
du	amāv-erās	docu-erās	petīv-erās	audīv-erās	fēc-erās
er/sie/es	amāv-erat	docu-erat	petīv-erat	audīv-erat	fēc-erat
wir	amāv-erāmus	docu-erāmus	petīv-erāmus	audīv-erāmus	fēc-erāmus
ihr	amāv-erātis	docu-erātis	petīv-erātis	audīv-erātis	fēc-erātis
sie (pl)	amāv-erant	docu-erant	petīv-erant	audīv-erant	fēc-erant

Beachten Sie: Das Plusquamperfekt kann nur in Sätzen mit zwei Handlungen (in der Vergangenheit) benutzt werden, die in einem unterschiedlichen zeitlichen Bezug stehen!

Vergleichen Sie: Einfache Vergangenheit: „Als wir am Bahnhof *ankamen, fuhr* der Zug weg." (Der Zug fuhr genau zu dem Zeitpunkt weg, als wir ankamen. = Gleichzeitigkeit) – Plusquamperfekt: „Als wir am Bahnhof *ankamen, war* der Zug *abgefahren.*" (Der Zug war bereits weg, als wir kamen. = Vorzeitigkeit)

In statiōnem ferriviāriam pervenimus, sed trāmen interurbānum avexerat.

an+4 Standort4 Eisenbahn-betreffend4 gelangten(-wir), aber Zug zwischenstädtischer war-abgefahren(-er)

Wir kamen am Bahnhof an, aber der Intercity war abgefahren.

Futur II oder Perfektfutur

Das Futur II ist im Deutschen selten geworden; wir benutzen stattdessen das Präsens oder auch das Perfekt mit einer entsprechenden Zeitangabe. Das lateinische Futur II bezeichnet eine Handlung, die zu einem Zeitpunkt in der Zukunft beendet sein wird, also eine Vorzeitigkeit innerhalb der Nachzeitigkeit.

Tertiō decimō Aprīlī mātūritātem meām superāverō.

dritter[5] zehnter[5] April[5] Reife[4] meine[4] werde-überstanden-haben(-ich)

Am 13. April werde ich mein Abitur bestanden haben.

Die Personalendungen des Futur II werden ebenso wie die des Plusquamperfekts an den Perfektstamm gehängt.

	ā-Konj. [1]	ē-Konj. [2]	Mischk. [3]	ī-Konj. [4]	i-Konj. [5]
	amāre	docēre	petere	audīre	facere
	(lieben)	*(lehren)*	*(bitten)*	*(hören)*	*(machen)*
ich	amāv-erō	docu-erō	petīv-erō	audīv-erō	fēc-erō
du	amāv-eris	docu-eris	petīv-eris	audīv-eris	fēc-eris
er/sie/es	amāv-erit	docu-erit	petīv-erit	audīv-erit	fēc-erit
wir	amāv-erimus	docu-erimus	petīv-erimus	audīv-erimus	fēc-erimus
ihr	amāv-eritis	docu-eritis	petīv-eritis	audīv-eritis	fēc-eritis
sie (pl)	amāv-erint	docu-erint	petīv-erint	audīv-erint	fēc-erint

Id tibi ostendam!

Dir werd' ich's zeigen!

Verneinung

Verben werden generell durch vorangestelltes nōn (nicht) verneint.

Inimīcō cōnsiliō nōn fēcī!
feindlich⁵ Absicht⁵ nicht gemacht-habe
Ich habe es nicht so gemeint!

Möchte man die Verneinung auf das Substantiv beziehen (z. B. „kein Auto/Geld"), dann wird im Lateinischen nicht immer das Substantiv verneint.

Verben, Substantive und Adjektive können z. B. durch die Vorsilben dis-, ne-, nec- oder neg- eine negative Bedeutung erhalten.

Mihī autoraeda/pecūnia dēest/nōn est.
mir³ Auto/Geld fehlt(-es)/nicht ist
Ich habe kein Auto/Geld.

ne|scīre [4, -sciō, -scīvī, -scītum]	nicht wissen
nōlle [nōlō, nōluī]	nicht wollen
īgnōrāre [1]	nicht wissen
neg|legere [3, -legō, -lēxī, -lēctum]	sich nicht kümmern, vernachlässigen
negāre [1]	nein sagen, verneinen
ne|quīre [3, -queō, -quīvī, -quītum]	nicht können, imstande sein
ne|facere [5, -faciō]	anders handeln (nur im Präsens)
negitāre [1]	beharrlich leugnen
discon|venīre [4, -veniō]	nicht übereinstimmen (nur im Präsens)

Von Sokrates stammt der Ausspruch: Sciō, nesciō! (Ich weiß, dass ich nichts weiß!)

Linguam Graecam nesciō!
Sprache⁴ Griechische⁴ nicht-weiß(-ich)
Ich kann kein Griechisch!

Subvenī mihī, natāre nesciō!
hilf mir³, schwimmen nicht-weiß(-ich)
Hilfe, ich kann nicht schwimmen!

necopīnāns (Adj)	ahnungslos
nefāstus (Adj)	unerlaubt
neglēctus (Adj)	unbeachtet

negative Indefinitpronomen

	substantivischer Gebrauch		adjektivischer Gebrauch		
	niemand	nichts	kein (m)	keine (f)	kein (n)
1. Fall Sg.	**nēmō**	**nihil (nīl)**	**nūllus**	**nūlla**	**nūllum**
2. Fall Sg.	**nūllīus**	**nūllīus reī**	**nūllīus**	**nūllīus**	**nūllīus**
3. Fall Sg.	**nēminī**	**nūllī reī**	**nūllī**	**nūllī**	**nūllī**
4. Fall Sg.	**nēminem**	**nihil (nīl)**	**nūllum**	**nūllam**	**nūllum**
5. Fall Sg.	**ā nūllō**	**nūllā rē**	**nūllō**	**nūllā**	**nūllō**

Nūllus ūnus dēest.　**Nēminī cōnfīde!**

keiner einer abwesend-ist niemandem[3] vertrau

Kein Einziger fehlte.　Vertraue niemandem!

Nūllā rē terrētur.

keine[5] Sache[5] erschreckt-wird(-er/-sie)

Er/sie fürchtet nichts.

nusquam	nirgends, nirgendwo
in nūllum locum	nirgendwohin
dē nūllō locō	nirgendwoher
numquam	niemals, nie
nēquāquam	in keiner Weise, keineswegs
nēquīquam	vergeblich

Eine doppelte Verneinung wird wieder „positiv"! Beachten Sie hier die Stellung von nōn:

nēmō nōn	jeder	**nōn nēmō**	mancher
nūllus nōn	jeder	**nōn nūllus**	manche, einige
nihil nōn	alles	**nōn nihil**	manches

Beliebt sind doppelte
Verneinungen, die eine
„positive" Aussage
unterstreichen!

nōn invitus	recht gern
nicht ungern	
nōn ignorare	recht wohl wissen
nicht nicht-wissen	

Aut etiam aut nōn (responde)!
oder auch oder nein (antworte)
(Antworte) entweder ja oder nein!

Vellem quidem!
wollen-würde(-ich) allerdings
Leider nicht!

Nōn hercle vērō!
nicht (bei-)Gott⁵ Wahrheit-sage(-ich)
Nein, ganz gewiss nicht!

Nōnne?
nicht-?
Nicht wahr?

Nōndum.
noch-nicht
Noch nicht.

Nōn inquam!
nicht betone(-ich)
Nein, wirklich nicht!

Minimē!
keineswegs(Adv)
Keineswegs!

Das Verb „esse" (sein)

Das wohl wichtigste unregelmäßige Verb ist esse (sein). Man tut gut daran, seine Zeitstufen zu beherrschen. Esse bildet mit einer Präposition neue Verben (Komposita). Es lohnt, sich die Bedeutungen einzuprägen, da auch diese Verben häufig benutzt werden.

esse [sum, fuī]	sein	
ab|esse [-sum, āfuī]	abwesend sein	
ad|esse [-sum, -fuī/affuī]	anwesend sein	
dē|esse [-sum, -fuī]	weg sein, fehlen	
inter|esse [-sum, -fuī]	teilnehmen	
ob|esse [-sum, -fuī]	schaden	
posse [possum, potuī]	können	
prae|esse [-sum, -fuī]	an der Spitze stehen	
prōdesse [prōsum, prōfuī]	nützen	
super|esse [-sum, -fuī]	übrig sein, übertreffen	

Bis auf posse *und* prōdesse *werden die Komposita von* esse *genauso wie* esse *(mit veränderter Vorsilbe) konjugiert!*

Hodiē venīre nōn possum, temporis mihī dēest.
heute kommen nicht kann(-ich), Zeit[2] mir[3] fehlt(-sie)
Ich kann heute nicht kommen, ich habe keine Zeit.

Quin tacēs, male affectus/affecta sum.
wohl schweigst, schlecht(Adv) gestimmt(m/f) bin
Halt die Klappe, ich habe schlechte Laune!

Vestis apta mihī dēest!
Kleidung passende mir[3] fehlt(-sie)
Ich habe nichts zum Anziehen!

Bei prōdesse *(nützen)* **Maledīcere nempe nōn prōdest.**
bleibt die Grundform *schimpfen doch nicht nützt(-es)*
prōd- *nur vor einem* Meckern hilft doch auch nicht!
-e *erhalten, vor Mit-*
lauten entfällt das -d-. Posse (können) ist aus „pot-se" entstanden. Der
Gegenwartsstamm pot- bleibt erhalten, ändert
sich aber vor nachfolgendem -s zu -ss-.

Speech bubble: Esse aut non esse - Id hic est quaerendum!

Veniō si possum.
komme(-ich) wenn kann(-ich)
Ich komme, wenn ich kann.

Esse wird in der konjugierten
Form auch als Kopula bezeichnet und muss Substantive/Ad-
jektive als Prädikatsnomina bei
sich haben. Es wird auch benutzt, um das Perfekt/Plus-
quamperfekt/Futur II Passiv zu
bilden.

**Subvenī mihī, vulnerātus/
vulnerāta sum!**
hilf mir[3], verletzt-worden(m/f) bin
Hilfe, ich bin verletzt worden!
(sagt Mann/Frau)

Sein oder nicht sein – das ist hier die Frage!

**Attende, iste fēnerātor/fraudātor/
homō odiōsus/mīcromegas est!**
*Acht-gib, der-da Wucherer/Betrüger/
Mensch widerwärtiger/Großsprecher ist*
Achtung, er ist ein Halsabschneider/
Betrüger/Ekelpaket/Aufschneider!

Das Verb „esse" (sein)

Präsensstamm: es-/s-		Perfektaktivstamm: fu-	
Präsens		**Perfekt**	
Indikativ Aktiv	Konjunktiv Aktiv	Indikativ Aktiv	Konjunktiv Aktiv
ich bin	*ich sei*	*ich bin gewesen*	*ich sei gewesen*
1. Sg. **s-u-m**	**s-i-m**	**fu-ī**	**fu-erim**
2. Sg. **es**	**s-ī-s**	**fu-istī**	**fu-eris**
3. Sg. **es-t**	**s-i-t**	**fu-it**	**fu-erit**
1. Pl. **s-u-mus**	**s-ī-mus**	**fu-imus**	**fu-erimus**
2. Pl. **es-tis**	**s-ī-tis**	**fu-istis**	**fu-eritis**
3. Pl. **s-u-nt**	**s-ī-nt**	**fu-ērunt**	**fu-erint**
Imperfekt		**Plusquamperfekt**	
Indikativ Aktiv	Konjunktiv Aktiv	Indikativ Aktiv	Konjunktiv Aktiv
ich war	*ich wäre*	*ich war gewesen*	*ich wäre gewesen*
1. Sg. **er-a-m**	**es-se-m**	**fu-eram**	**fu-issem**
2. Sg. **er-ā-s**	**es-sē-s**	**fu-erās**	**fu-issēs**
3. Sg. **er-a-t**	**es-se-t**	**fu-erat**	**fu-iset**
1. Pl. **er-ā-mus**	**es-sē-mus**	**fu-erāmus**	**fu-issēmus**
2. Pl. **er-ā-tis**	**es-sē-tis**	**fu-erātis**	**fu-issētis**
3. Pl. **er-a-nt**	**es-se-nt**	**fu-erant**	**fu-issent**
Futur I Indikativ Aktiv		**Futur II Indikativ Aktiv**	
ich werde sein		*ich werde gewesen sein*	
1. Sg. **er-ō**		**fu-erō**	
2. Sg. **er-i-s**		**fu-eris**	
3. Sg. **er-i-t**		**fu-erit**	
1. Pl. **er-i-mus**		**fuerimus**	
2. Pl. **er-i-tis**		**fu-eritis**	
3. Pl. **er-u-nt**		**fu-erint**	

Nōlī sīc tardō ingeniō esse!

nicht-wolle so träger[5] Verstand[5] sein

Sei doch nicht so dumm!

Incertō sum.

Ungewissheit[5] bin

Ich bin mir nicht sicher.

Ibīdem fuī.

ebenda gewesen-bin

Ich bin dort gewesen.

Nihil meā interest!

nichts mir[5] dabei-ist

Das ist mir egal!

Nimis simplex es!

zu-sehr einfach(m+f) bist

Du bist viel zu naiv!

Unregelmäßige Verben

Velle, nōlle, mālle, īre und fīērī *können kein Passiv bilden! Perfekt, Plusquamperfekt und Futur II werden regelmäßig mit dem Perfektstamm (volu-, nōlu-, mālu-, tul-, i-* und fī-*) und den regelmäßigen Endungen gebildet.*

Die wichtigsten unregelmäßigen Verben nach esse sind velle, nōlle, mālle, ferre, īre und fīērī. Unregelmäßig sind nur die Verbstämme, die Personalendungen selber sind regelmäßig!

velle, nōlle & mālle

Die Verben velle (wollen), nōlle (nicht wollen) und mālle (lieber wollen) haben nur im Präsens und Imperfekt einige unregelmäßige Formen. Nur von nōlle lässt sich der Imperativ I bilden!

Autoraedā peregrīnātionem voluptāriam facere volō.

Auto⁵ Reise⁴ Urlaub⁴ machen will(-ich)
Ich will mit dem Auto in den Urlaub fahren.

> Merda! Noli me mordere!

Bei nōlle erkennt man an der Bildung der 2. und 3. Person Singular („du, er/sie") und an der 2. Person Plural („ihr"), wie sich das Wort gebildet hat.

velle [volō, voluī] (wollen)

	Präsens		Imperfekt		Futur I
	Ind. Aktiv	Konj. Aktiv	Ind. Aktiv	Konj. Aktiv	Ind. Aktiv
1. Sg.	vol-ō	vel-i-m	vol-ē-ba-m	vel-le-m	vol-a-m
2. Sg.	vī-s	vel-ī-s	vol-ē-bā-s	vel-lē-s	vol-ē-s
3. Sg.	vul-t	vel-i-t	vol-ē-ba-t	vel-le-t	vol-e-t
1. Pl.	vol-u-mus	vel-ī-mus	vol-ē-bā-mus	vel-lē-mus	vol-ē-mus
2. Pl.	vul-tis	vel-ī-tis	vol-ē-bā-tis	vel-lē-tis	vol-ē-tis
3. Pl.	vol-u-nt	vel-i-nt	vol-ē-ba-nt	vel-le-nt	vol-u-nt

nōlle [nōlō, nōluī] (nicht wollen); nōlī!/nōlīte! (Imperativ I)

	Präsens		Imperfekt		Futur I
	Ind. Aktiv	Konj. Aktiv	Ind. Aktiv	Konj. Aktiv	Ind. Aktiv
1. Sg.	nōl-ō	nōl-i-m	nōl-ē-ba-m	nōl-le-m	nōl-a-m
2. Sg.	nōn vī-s	nōl-i-s	nōl-ē-bā-s	nōl-lē-s	nōl-ē-s
3. Sg.	nōn vul-t	nōl-i-t	nōl-ē-ba-t	nōl-le-t	nōl-e-t
1. Pl.	nōl-u-mus	nōl-i-mus	nōl-ē-bā-mus	nōl-lē-mus	nōl-ē-mus
2. Pl.	non vul-tis	nōl-i-tis	nōl-ē-bā-tis	nōl-lē-tis	nōl-ē-tis
3. Pl.	nōl-u-nt	nōl-i-nt	nōl-ē-ba-nt	nōl-le-nt	nōl-u-nt

mālle [mālō, māluī] (lieber wollen)

	Präsens		Imperfekt		Futur I
	Ind. Aktiv	Konj. Aktiv	Ind. Aktiv	Konj. Aktiv	Ind. Aktiv
1. Sg.	māl-ō	māl-i-m	māl-ē-ba-m	māl-le-m	māl-a-m
2. Sg.	mā-vī-s	māl-ī-s	māl-ē-bā-s	māl-lē-s	māl-ē-s
3. Sg.	mā-vul-t	māl-i-t	māl-ē-ba-t	māl-le-t	māl-e-t
1. Pl.	māl-u-mus	māl-ī-mus	māl-ē-bā-mus	māl-lē-mus	māl-ē-mus
2. Pl.	mā-vul-tis	māl-ī-tis	māl-ē-bā-tis	māl-lē-tis	māl-ē-tis
3. Pl.	māl-u-nt	māl-i-nt	māl-ē-ba-nt	māl-le-nt	māl-u-nt

ferre

ferre [ferō, tulī, lātum] (tragen, bringen); **fer!/fer-te!** (Imperativ I)

	Präsens		Imperfekt		Futur I
	Ind. Aktiv	Konj. Aktiv	Ind. Aktiv	Konj. Aktiv	Ind. Aktiv
1. Sg.	fer-ō	fer-a-m	fer-ē-ba-m	fer-re-m	fer-a-m
2. Sg.	fer-s	fer-ā-s	fer-ē-bā-s	fer-rē-s	fer-ē-s
3. Sg.	fer-t	fer-a-t	fer-ē-ba-t	fer-re-t	fer-e-t
1. Pl.	fer-I-mus	fer-ā-mus	fer-ē-bā-mus	fer-rē-mus	fer-ē-mus
2. Pl.	fer-tis	fer-ā-tis	fer-ē-bā-tis	fer-rē-tis	fer-ē-tis
3. Pl.	fer-u-nt	fer-a-nt	fer-ē-ba-nt	fer-re-nt	fer-e-nt

Operam meam tibī offerō.

Dienst⁴ meinen⁴ dir³ anbiete(-ich)

Ich biete dir meine Hilfe an.

Nihil ab eō rettulit.

nichts⁴ von⁺⁵ es⁵ berichtet-hat(-er)

Er hat mir nichts davon erzählt.

Mora est allāta, nōn causa sublāta!

Aufschub ist vorgebracht, nicht Grund weggetragen-ist

Aufgeschoben ist nicht aufgehoben!

Potesne id mihī afferre?

kannst-? es⁴ mir³ herbringen

Kannst du das für mich abholen?

afferre [afferō, attulī, allātum]	herbeitragen
auferre [auferō, abstulī, ablātum]	wegtragen
cōnferre [cōnferō, contulī, collātum]	zusammentragen
differre [differō, distulī, dīlātum] (transitiv!)	aufschieben
differre [differō] (intransitiv!)	sich unterscheiden
efferre [efferō, extulī, ēlātum]	hinaustragen
īnferre [īnferō, intulī, illātum]	hineintragen
offerre [offerō, obtulī, oblātum]	anbieten
per|ferre [-ferō, -tulī, -lātum]	hinbringen, durchführen, erdulden
prae|ferre [-ferō, -tulī, -lātum]	vorantragen, vorziehen
re|ferre [-ferō, -ttulī, -lātum]	zurücktragen, berichten
trāns|ferre [-ferō, -tulī, -lātum]	übertragen, übersetzen

īre

īre [eō, iī, itum] (gehen), ī!/ī-te! (Imperativ I)				
	Präsens		**Imperfekt**		**Futur I**
	Ind. Aktiv	Konj. Aktiv	Ind. Aktiv	Konj. Aktiv	Ind. Aktiv
1. Sg.	e-ō	e-a-m	ī-ba-m	ī-re-m	ī-b-o
2. Sg.	ī-s	e-ā-s	ī-bā-s	ī-rē-s	ī-bi-s
3. Sg.	i-t	e-a-t	ī-ba-t	ī-re-t	ī-bi-t
1. Pl.	ī-mus	e-ā-mus	ī-bā-mus	ī-rē-mus	ī-bi-mus
2. Pl.	ī-tis	e-ā-tis	ī-bā-tis	ī-rē-tis	ī-bi-tis
3. Pl.	e-u-nt	e-a-nt	ī-ba-nt	ī-re-nt	ī-bu-nt

Iste homullus sōlum mē praeteriīt!

der-da Mensch nur(Adv) mir⁵ vorbeigegangen-ist
Dieser Schuft ist einfach an mir
vorbeigegangen!

Crās domum redībō.

morgen Haus⁴ zurückkehren-werde(-ich)
Ich werde morgen wieder nach Hause fahren.

īre bildet nur ein unpersönliches Passiv: ītur (man geht, wörtl. „es wird gegangen"), itum est (man ist gegangen, wörtl. „es ist gegangen worden").

ab|īre [-eō, -iī, -itum]	weggehen
ad|īre [-eō, -iī, -itum]	herangehen, besuchen
ex|īre [-eō, -iī, -itum]	hinaus-, zu Ende gehen
in|īre [-eō, -iī, -itum]	betreten, beginnen
inter|īre [-eō, -iī, -itum]	untergehen
per|īre [-eō, -iī, -itum]	zugrunde gehen
praeter|īre [-eō, -iī, -itum]	vorbeigehen
red|īre [-eō, -iī, -itum]	zurückkehren
sub|īre [-eō, -iī, -itum]	herangehen
trāns|īre [-eō, -iī, -itum]	überschreiten
vēn|īre [-eō, -iī]	verkauft werden (im Deutschen passiv!)

fiērī

fiērī [fīō, factum] (werden, entstehen)

	Präsens		Imperfekt		Futur I
	Ind. Aktiv	Konj. Aktiv	Ind. Aktiv	Konj. Aktiv	Ind. Aktiv
1. Sg.	fi-ō	fi-a-m	fi-ē-ba-m	fi-e-re-m	fi-a-m
2. Sg.	fi-s	fi-ā-s	fi-ē-bā-s	fi-e-rē-s	fi-ē-s
3. Sg.	fi-t	fi-a-t	fi-ē-ba-t	fi-e-re-t	fi-e-t
1. Pl.	fi-mus	fi-ā-mus	fi-ē-bā-mus	fi-e-rē-mus	fi-ē-mus
2. Pl.	fi-tis	fi-ā-tis	fi-ē-bā-tis	fi-e-rē-tis	fi-ē-tis
3. Pl.	fi-u-nt	fi-a-nt	fi-ē-ba-nt	fi-e-re-nt	fi-e-nt

Weitere Bedeutungen Das Verb fiērī, fīō, factum hat recht unterschied-
sind „zu etwas liche Bedeutungen, die wichtigsten davon
werden", „zu etwas sind: „werden, entstehen, geschehen, sich er-
gemacht werden", eignen, eintreten, bewirkt werden" und „her-
„geschätzt werden", auskommen, ergeben (in der Mathematik)".
„geopfert werden".

Die Perfektformen **Fiunt nunc omnia miraculaque.**
sind übrigens identisch *geschehen(-sie) noch Zeichen Wunder-und*
mit denen von facere, Es geschehen noch Zeichen und Wunder.
nämlich factus/-a/-um

sum. Außer den **Hīc nihil fit!** | **Quid fit?**
Perfektformen gibt *hier nichts geschieht(-es)* | *was geschieht(-es)*
es kein Passiv! Hier ist nichts los! | Was macht das?

Fiērī gilt auch als Passiv von facere (machen),
bedeutet also auch „gemacht werden":

Fiērī potest ut fallar. | **Bene factum!**
geschehen kann(-es) dass | *gut(Adv) gemacht-*
getäuscht-werden-möge(-ich) | *worden*
Vielleicht irre ich. | Gut gemacht! Toll!

Deponentien

Hier wird es knifflig: Deponentien sind Verben, die zwar eine passive Form, aber im Lateinischen eine aktive Bedeutung haben; und im Deutschen auch nur aktiv (oft auch reflexiv) übersetzt werden. Sie können in passiver Bedeutung nicht benutzt werden. Deponentien erscheinen in allen 5 Verbkonjugationen.

Condiciōnem meditor.

Angebot⁴ nachgedacht-werde(-ich)
Ich denke über das Angebot nach.

Quaestiōnem tuam mīror.

Frage⁴ deine⁴ gewundert-werde(-ich)
Ich wundere mich über deine Frage.

Laetor prō tē!

gefreut-werde(-ich) für⁺⁵ dich⁵
Ich freue mich für dich!

Deponentien haben ihre aktiven Formen „abgelegt" (dēpōnere „ablegen"). Sie werden wie das Passiv der „normalen" Verben konjugiert, haben aber trotzdem aktivische Bedeutung.

Achtung: Deponentien haben jedoch als Gerundium, Gerundivum und Partizip Präsens aktive Formen, hier am Beispiel cōnārī gezeigt:

cōnandī	(Genitiv)	des Versuchens
cōnandō	(Dativ)	dem Versuchen
(ad) cōnandum	(Akkusativ)	zum Versuchen
cōnandō	(Ablativ)	durch das Versuchen

als Gerundium
Als Nominativ des Gerundiums gilt der Infinitiv!

cōnandus/-a/-um	ein zu versuchender, einer der versucht werden muss

als Gerundivum

Deponentien

Id tibī simpliciter cōnandum est!

es dir³ unbedingt(Adv) ein-zu-versuchendes ist
Das musst du unbedingt versuchen!

als Partizip Präsens

cōnārī	versuchen (Infinitiv)
cōn|āns [-antis]	versuchend (Partizip Präsens)

als Partizip Futur Da es im Deutschen kein Partizip Futur gibt, können wir es in der Übersetzung nur umschreiben.

cōnātūrus	(einer, der) versuchen-wird/will

Liste wichtiger Deponentien

Am besten prägt man sich die wichtigsten Deponentien ein.

arbitr|ārī [1, -or, -ātus sum] (+ AcI/Inf)	glauben, meinen, dass ...
auxili|ārī [1, -or, -ātus sum]	helfen
comit|ārī [1, -or, -ātus sum]	begleiten
cōn|ārī [1, -or, -ātus sum]	versuchen
contempl|ārī [1, -or, -ātus sum]	betrachten
domin|ārī [1, -or, -ātus sum]	herrschen
glōr|ārī [1, -or, -ātus sum]	sich rühmen
grātul|ārī [1, -or, -ātus sum]	Glück wünschen
imit|ārī [1, -or, -ātus sum]	nachahmen
interpret|ārī [1, -or, -ātus sum]	auslegen, erklären
laet|ārī [1, -or, -ātus sum]	sich freuen
lo|quī [3, -quor, -cūtus sum]	sprechen, reden
medit|ārī [1, -or, -ātus sum] (+4)	nachdenken (über)
min|ārī [1, -or, -ātus sum]	drohen
mīr|ārī [1, -or, -ātus sum]	be-/sich wundern
mis|erērī [2, -eor, -eritus sum]	sich erbarmen
mor|ārī [1, -or, -ātus sum]	(sich) aufhalten, zögern
pro|fitērī [2, -fiteor, -fessus sum]	offen bekennen
ver|ērī [2, -reor, -ritus sum]	fürchten, verehren
vers|ārī [1, -or, -ātus sum]	sich aufhalten

Mentīris!
gelogen-wirst
Du lügst!

Mentītus es!
gelogen-worden(m) bist
Du hast gelogen!

Mentiēbāris!
gelogen-warst
Du logst!

Mentiēris!
gelogen-werden-wirst
Du wirst lügen!

Du lügst! Du wirst immer lügen!

Id tibī assentior.
es⁴ dir³ beigestimmt-werde(-ich)
Darin stimme ich mit dir überein!

Diēm nātālem tibī (con)grātulor!
Tag⁴ Geburts-⁴ dir³ Glück-gewünscht-werde(-ich)
Ich gratuliere dir zum Geburtstag!

Tibī multum (con)grātulor!
dir³ viel⁴ Glück-gewünscht-werde(-ich)
Ich wünsche dir viel Glück!

Homosexuālem sē (ipsum) professus est.
homosexuell⁴ sich⁴ (selbst) öffentlich-bekannt-worden ist
Er hat sich (selbst) als homosexuell geoutet.

In hortō cervīsāriō libenter versāmur.
in⁺⁵ Garten⁵ Bier⁵ gern(Adv) aufgehalten-werden(-wir)
Wir sitzen gerne im Biergarten.

Der Konjunktiv

Wie der Indikativ (Wirklichkeitsform) ist der Konjunktiv (Möglichkeitsform) ein Verbmodus. Bisher wurden alle Zeitstufen des Indikativs (im Aktiv) erklärt. Im Lateinischen wird der Konjunktiv wesentlich häufiger und auch anders als im Deutschen verwendet. Man kann nicht auf ihn verzichten.

Konjunktiv in Hauptsätzen

Jeder kennt den Konjunktiv aus der indirekten Rede: „Der Präsident sagte, er sei über die Wahl sehr glücklich und werde eine Rede halten." und aus Glückwünschen: „Er lebe hoch. Möge er lange leben. Sei gegrüßt!"

Im Hauptsatz kann der lateinische Konjunktiv eine Aufforderung, einen Wunsch, eine Möglichkeit, Zweifel oder Überlegung ausdrücken, die man mit den deutschen Hilfsverben „sollen, wollen, mögen" etc. übersetzen kann. Die genaue Bedeutung des lateinischen Konjunktivs lässt sich daher aus dem Zusammenhang erschließen. Jedoch wird der lateinische Konjunktiv nicht unbedingt auch im Deutschen mit dem Konjunktiv übersetzt.

Konjunktiv der Gleichzeitigkeit I

Der Konjunktiv I drückt ein Wollen, Wünschen oder eine Möglichkeit aus. Er heißt auch Konjunktiv Präsens. Zwischen dem Präsensstamm und den bereits bekannten Personalendungen -m, -s, -t, -mus, -tis und -nt wird ein bestimmtes „Signal" eingeschoben.

Tē bāsiem!

dich⁴ küssen-möge(-ich)

Ich möchte dich küssen!

Mihī auscultēs!

mir³ zuhören-mögest

Hör mir zu!

Quis hoc neget?

wer dieses⁴ verneinen-möge(-er)

Wer könnte das bestreiten?

Domī maneāmus!

Haus³ bleiben-mögen(-wir)

Lasst uns zu Hause bleiben!

Bei der deutschen Übersetzung fällt auf, dass hier im Deutschen kein Konjunktiv benutzt wird. Stattdessen werden entweder Hilfsverben bzw. Signalwörter eingesetzt, die einen Wunsch, eine Aufforderung oder eine Möglichkeit ausdrücken.

Verneinung im Konjunktiv

Wenn es sich um einen negativen Wunsch/ Aufforderung handelt, erfolgt die Verneinung im Konjunktiv durch nē am Satzanfang (also nicht mit nōn wie im Indikativ)!

Nē audiās istum nūgātōrem!

nicht hören-mögest den-da⁴ Schwätzer⁴

Hör doch nicht auf den Quatschkopf!

Nē tē praebeās dērīdendum!

nicht dich⁴ erweisen-mögest als-ein-zu-Verspottender

Mach dich doch nicht lächerlich!

Nē temptēs hoc iterum, īgnāve!

nicht versuchen-mögest dieses[4] wiederum, Kraftloser

Versuch das nicht noch einmal, du Weichei!

Konjunktiv der Vorzeitigkeit I

Regel!
Das Signal -eri-
tritt zwischen
Perfektstamm
und Personalendung.

Der Konjunktiv der Vorzeitigkeit I (Konjunktiv Perfekt) hat in Hauptsätzen keine Vergangenheitsbedeutung. Er drückt einen verneinten Wunsch oder eine Möglichkeit aus.

Nē scurrīlem iocum mihī narrāveris!

nicht närrischen[4] Witz[4] mir[3] erzählt-habest

Erzähl mir keinen Blödsinn!

Konjunktiv der Gleichzeitigkeit II

Regel!
Das Signalzeichen
-re- wird zwischen
Präsensstamm und
Personalendung
geschoben. Bei der
gemischten Klasse
schiebt sich vor das
Signalzeichen zusätzlich noch ein -e-.
Esse und **posse** verwenden das Signalzeichen -se-, **velle**
und **nōlle** wandeln
dieses um in -le-.

Der Konjunktiv II wird auch Konjunktiv Imperfekt genannt. Die Redeabsicht bezieht sich auf eine Scheinmeinung (irreale Vorstellung) oder einen Scheinwunsch (irrealer Wunsch) und bedeutet, dass der als „unwirklich" bezeichnete Vorgang gleichzeitig mit dem Zeitpunkt des Sprechens ist.

Mihī esset quidem efficāciter relaxandum!

mir[3] wäre(-es) gewiss wirksam(Adv) auszuspannend

Ich müsste endlich mal richtig relaxen!

Etiam libenter hīc remanērem!

noch gern(Adv) hier aufhalten-würde(-ich)

Ich würde gerne noch bleiben!

Dē epīstulā tuā gaudērēmus.

von Brief⁵ dein⁵ freuen-würden(-wir)

Über deinen Brief würden wir uns freuen.

Vellem domī esse.

wollen-würde(-ich) Haus³ sein

Ich wollte, ich wäre zu Hause!

Konjunktiv der Vorzeitigkeit II

Der Konjunktiv der Vorzeitigkeit II wird auch Konjunktiv Plusquamperfekt genannt; er bezeichnet einen Vorgang, der vorzeitig zum Sprechzeitpunkt ist und bezeichnet ebenso Scheinvorstellungen und Scheinwünsche.

> **Regel!**
> Gebildet wird der Konjunktiv Plusquamperfekt, indem das Signalzeichen **-isse-** zwischen Perfektstamm und Personalendung geschoben wird.

Utinam tacuissēs!

wenn-doch geschwiegen-hättest

Wenn du doch nur geschwiegen hättest!

Utinam cavissēmus!

wenn-doch uns-gehütet-hätten(-wir)

Wären wir doch nur vorsichtiger gewesen!

Utinam sōlum mātūrius tēlephōnāvissem!

wenn-doch nur(Adv) früher angerufen-hätte(-ich)

Hätte ich doch bloß früher angerufen!

Utinam sōlum adīssem!

wenn-doch nur(Adv) hingegangen-wäre(-ich)

Wäre ich doch bloß hingegangen!

Das Passiv

Das Passiv ist im Lateinischen genauso vielfältig wie das Aktiv, das in den vorangegangenen Kapiteln über die Verben vorgestellt wurde. Aber Achtung: Nur die transitiven Verben bilden ein persönliches Passiv!

transitiv &   **Transitive Verben** können mit einem direk-
intransitiv ten Objekt (= Akkusativobjekt) verbunden werden, z. B. amāre (lieben) + wen?.

Amō tē!	**Id tibī explicō!**
liebe(-ich) dich[4]	*es[4] dir[3] erkläre(-ich)*
Ich liebe dich.	Ich erkläre es dir!

Intransitive Verben haben entweder ein indirektes Objekt (Dativ- oder Ablativ, bei dem das deutsche Objekt mit einer Präposition steht) oder können auch ohne Objekt stehen, z. B. labōrāre (arbeiten) + wo? (indirektes Objekt).

Lepōre rīdeō.	**In discothēcā labōrō.**
Witz[5] lache(-ich)	*in[+5] Diskothek[5] arbeite(-ich)*
Ich lache über den Witz.	Ich arbeite in einer Disko.

aktiv & passiv Im Passiv steht das Geschehen/die Handlung, und nicht der Handelnde (der Aktive) im Vordergrund. Der Betroffene, nicht der Handelnde, wird hervorgehoben. Dass oft genug der Betroffene der „Leidtragende" ist, lässt die deutsche Bezeichnung „Leideform" erkennen.

Infinitiv Präsens Passiv

Das Passiv kennt einen eigenen Infinitiv. Bei der ā-, e- und ī-Konjugation wird die Endung -rī an den Präsensstamm angehängt, bei der gemischten Klasse wird -ī angehängt.

laudā-re	loben	**laudā-rī**	gelobt werden
monē-re	ermahnen	**monē-rī**	ermahnt werden
rege-re	lenken	**reg-ī**	gelenkt werden
cape-re	nehmen	**cap-ī**	genommen werden
audīre	hören	**audīrī**	gehört werden

Präsens Passiv

Der Indikativ Präsens Passiv wird gebildet, indem die Endungen -(o)r, -ris, -tur, -mur, -minī, -ntur an den Präsensstamm angehängt werden.

Mē dēcipis! (Präsens Aktiv)
mich⁴ betrügst
Du betrügst mich!

Dēcipior (ā tē). (Präsens Passiv)
betrogen-werde(-ich) (von⁺⁵ dir⁵)
Ich werde betrogen (von dir).

Imperfekt Passiv

Der Imperfekt Passiv Indikativ wird gebildet, indem das Signalzeichen -bā- zwischen Stamm und die Personalendungen -m, -ris, -tur, -mur, -minī, -ntur geschoben wird.

Übrigens gibt es im Lateinischen insgesamt sechs Infinitive, wobei wir im Rahmen dieser Grammatik nur auf die ersten beiden eingehen: Infinitiv Präsens Aktiv/Passiv, Infinitiv Perfekt Aktiv/Passiv sowie Infinitiv Futur Aktiv/Passiv. Im Deutschen können wir diese Infinitive oft nur umschreibend übersetzen.

Autoraeda mea laedēbātur.

Auto mein geschädigt-wurde(-es)

Mein Auto wurde beschädigt.

Pecūnia nōbīs surripiēbātur.

Geld uns[3] gestohlen-wurde(-es)

Das Geld wurde uns geklaut.

Futur I Passiv

Zwischen Stamm und Endungen (-or, -ris, -tur, -mur, -minī, -ntur) treten in der ā-/ē-Konjugation die Zeichen -b- (1. Sg.) -be- (2. Sg.), -bi- (3. Sg., 1./2. Pl.) und -bu- in der 3. Pl. Die 3.-5. Konjugation schiebt immer (außer in der 1. Sg.) ein -e- ein. Die 1. Sg. schiebt ein -a- ein, dafür entfällt das -o- der Endung!

Ich werde verwandelt werden!

Perfekt Passiv

Der Indikativ Perfekt Passiv ist eine zusammengesetzte Zeit aus dem Partizip Perfekt Passiv und dem Präsens von esse. Ein Partizip bezeichnet eine infinite Verbform, die an verschiedenen Wortformen „teilhat" („teilhabend" ist die Bedeutung des lateinischen Namens „Partizip"), d. h. von einem Verb abgeleitet wird, sich aber wie ein Adjektiv verhält, das sich in Kasus, Numerus und Genus nach dem zugehörigen Substantiv richtet!

Das Partizip Perfekt Passiv wird gebildet, indem man an den Perfektpassivstamm die Endungen -us (m), -a (f), -um (n) hängt.

Tipp: Quälen Sie sich nicht mit den Perfektpassivstämmen, sondern lernen Sie stattdessen zusammen mit dem Verb nicht nur die 1. Person Singular Präsens und Perfekt Indikativ Aktiv, sondern auch das Partizip, z. B. laudāre *„loben",* laudō *„ich lobe",* laudāvī *„ich habe gelobt",* laudātum esse *„gelobt worden sein". In den Wörterlisten werden unregelmäßige Formen angegeben, z. B.* dīcere [3, dīcō, dīxī, dictum].

Infinitiv Präsens Aktiv	Partizip Perfekt Passiv
laudāre	laudatus, -a -um
monēre	monitus, -a -um
dīcere	dictus, -a -um
audīre	auditus, -a -um
capere	captus, -a -um

Fraudātus/fraudāta sum.

getäuscht-worden(m/f) bin
Ich bin reingelegt worden. *(sagt Mann/Frau)*

Mendāciō dēceptus/dēcepta sum.

Lüge5 betrogen-worden(m/f) bin
Ich bin angelogen worden.

Estisne id interrogātī/interrogātae?

seid(-ihr)-? es4 gefragt-worden(m/f pl)
Seid ihr danach gefragt worden?

Das Passiv

Für die
Übersetzung wichtig:
Das lateinische Perfekt
Passiv entspricht
als Erzählzeit der
deutschen Vergangen-
heit (Präteritum)
im Passiv und kann
somit auch so
übersetzt werden!

In ōs vulnerātus/vulnerāta sum.

in Gesicht⁵ verletzt-worden(m/f) bin
Ich bin im Gesicht verletzt worden. /
Ich wurde im Gesicht verletzt.
(sagt Mann/Frau)

Die Bildung der Partizipien der anderen Verb-
klassen unterscheidet sich oft von denen der
ā-Konjugation, sie können z. B. das Signal -t in
ein -s umwandeln, z. B. repellere (vertreiben),
repello (ich vertreibe), repulsī (ich habe vertrieben), repulsus (vertrieben).

Oppressus/oppressa est.

überfallen-worden(m/f) ist
Er/sie ist überfallen worden. /
Er/sie wurde überfallen.

Plusquamperfekt Passiv & Futur II Passiv

Diese beiden Zeiten werden weniger häufig
als das Perfekt Passiv benutzt und stehen oft
in Bezug zu diesem, d. h. sie drücken damit
eine Vorzeitigkeit (Plusquamperfekt) oder
eine Nachzeitigkeit (Futur II) zur beschriebenen Handlung aus.

Das Plusquamperfekt Passiv wird durch
das Partizip Perfekt Passiv und das Imperfekt
Indikativ Aktiv von esse gebildet.

Rogātiō vehementer disputāta erat.

Antrag heftig(Adv) diskutiert-worden(w) war(-er)
Der Antrag war heftig diskutiert worden.

Rogatio vehementer disputata erat!

Das Futur II bildet man mit dem Partizip Perfekt Passiv und dem Futur I Indikativ Aktiv von esse. Es beschreibt eine Handlung, die erst zu einem Zeitpunkt in der Zukunft vergangen sein wird; vor allem, um sie in einen (zeitlichen) Bezug zu einer später eintretenden Handlung zu setzen.

Id ūsque eō (ā mē) dīrēctum/factum erit.

es[4] bis dahin (von[+5] mich[5]) gelenkt-worden/
gemacht-worden wird-sein(-es)
Bis dahin wird das (von mir) geregelt/
erledigt worden sein.

Id ūsque perendiē (ā mē) cōgnitum erit.

es[4] bis übermorgen (von[+5] mich[5])
Erkenntnis-erlangt-worden wird-sein(-es)
Bis übermorgen wird das (von mir) in
Erfahrung gebracht worden sein.

Konjugationsübersicht „amāre" (lieben)

Übrigens: Nur die **A**nhand des regelmäßigen Verbs amāre (1.
1. Person Futur II Ind. Konjugation) wird hier das Zeitengerüst des
Aktiv unterscheidet Lateinischen noch einmal vorgeführt.
sich vom Perfekt Vom **Präsensstamm** werden die aktiven und
Konjunktiv Aktiv! passiven Verbformen für Präsens, Imperfekt

Präsensstamm: amā-				
	Aktiv		**Passiv**	
Präsens	**Indikativ Aktiv** *ich liebe*	**Konjunktiv Aktiv** *ich möge lieben*	**Indikativ Passiv** *ich werde geliebt*	**Konjunktiv Passiv** *ich möge geliebt werden*
1. Sg.	am -ō	am-e-m	am -or	am-e-r
2. Sg.	amā-s	am-ē-s	amā-ris	am-ē-ris
3. Sg.	ama-t	am-e-t	amā-tur	am-ē-tur
1. Pl.	amā-mus	am-ē-mus	amā-mur	am-ē-mur
2. Pl.	amā-tis	am-ē-tis	amā-minī	am-ē-minī
3. Pl.	ama-nt	am-e-nt	ama-ntur	am-e-ntur
Imperfekt	**Indikativ Aktiv** *ich liebte*	**Konjunktiv Aktiv** *ich würde lieben*	**Indikativ Passiv** *ich wurde geliebt*	**Konjunktiv Passiv** *ich würde geliebt werden*
1. Sg.	amā-ba-m	amā-re-m	amā-ba-r	amā-re-r
2. Sg.	amā-bā-s	amā-rē-s	amā-bā-ris	amā-rē-ris
3. Sg.	amā-ba-t	amā-re-t	amā-bā-tur	amā-rē-tur
1. Pl.	amā-bā-mus	amā-rē-mus	amā-bā-mur	amā-rē-mur
2. Pl.	amā-bā-tis	amā-rē-tis	amā-bā-minī	amā-rē-minī
3. Pl.	amā-ba-nt	amā-re-nt	amā-ba-ntur	amā-re-ntur
Futur I	**Indikativ Aktiv** *ich werde lieben*		**Indikativ Passiv** *ich werde geliebt werden*	
1. Sg.	amā-b-ō		amā-b-or	
2. Sg.	amā-bi-s		amā-be-ris	
3. Sg.	amā-bi-t		amā-bi-tur	
1. Pl.	amā-bi-mus		amā-bi-mur	
2. Pl.	amā-bi-tis		amā-bi-minī	
3. Pl.	amā-bu-nt		amā-bu-ntur	

Konjugationsübersicht „amāre" (lieben)

und Futur I, für die Imperative, amā! („liebe!")
und amā-te („liebt!"), sowie für Gerundium,
z. B. amāndum (4. Fall, „das Lieben"), und Gerundivum, amāndus/-a/-um („der/die/das zu
liebende"), abgeleitet. Beim Perfekt, Plusquamperfekt und Futur II werden die aktiven
Formen vom **Perfektaktivstamm**, die passiven
Formen vom **Perfektpassivstamm** abgeleitet!

Bei den mit * gekennzeichneten Formen handelt es sich um das Partizip Perfekt Passiv, das wie ein Adjektiv (a-/o-Deklination) gebeugt wird.

Perfektaktivstamm: amāv-		Perfektpassivstamm: amat-	
Aktiv		**Passiv**	
Perfekt Indikativ Aktiv	**Konjunktiv Aktiv**	**Indikativ Passiv**	**Konjunktiv Passiv**
ich habe geliebt	*möge geliebt haben*	*ich bin geliebt worden*	*ich sei geliebt worden*
1. Sg. amāv-ī	amāv-erim	amātus* sum	amātus* sim
2. Sg. amāv-istī	amāv-eris	amātus* es	amātus* sīs
3. Sg. amāv-it	amāv-erit	amātus* est	amātus* sit
1. Pl. amāv-imus	amāv-erimus	amātī* sumus	amātī* sīmus
2. Pl. amāv-istis	amāv-eritis	amātī* estis	amātī* sītis
3. Pl. amāv-ērunt	amāv-erint	amātī* sunt	amātī* sint
Plusqu. Indikativ Aktiv	**Konjunktiv Aktiv**	**Indikativ Passiv**	**Konjunktiv Passiv**
ich hatte geliebt	*ich hätte geliebt*	*ich war geliebt worden*	*ich wäre geliebt worden*
1. Sg. amāv-eram	amāv-issem	amātus* eram	amātus* essem
2. Sg. amāv-erās	amāv-issēs	amātus* erās	amātus* essēs
3. Sg. amāv-erat	amāv-isset	amātus* erat	amātus* esset
1. Pl. amāv-erāmus	amāv-issēmus	amātī* erāmus	amātī* essēmus
2. Pl. amāv-erātis	amāv-issētis	amātī* erātis	amātī* essētis
3. Pl. amāv-erant	amāv-issent	amātī* erant	amātī* essent
Futur II Indikativ Aktiv		**Indikativ Passiv**	
ich werde geliebt haben		*ich werde geliebt worden sein*	
1. Sg. amāv-erō		amātus* erō	
2. Sg. amāv-eris		amātus* eris	
3. Sg. amāv-erit		amātus* erit	
1. Pl. amāv-erimus		amātī* erimus	
2. Pl. amāv-eritis		amātī* eritis	
3. Pl. amāv-erint		amātī* erunt	

Adverbien

Adverbien (Umstandswörter) geben eine nähere Erklärung zum Verb (= ad verbum), zu Adjektiven, Partizipien oder zu anderen Adverbien; generell bezeichnen sie einen „Umstand" im Satz näher, d. h. sie steuern wichtige Informationen zum Satz bei. Oft erkennt man sie, wenn man die Frage stellt: „Auf welche Weise geschieht etwas?"

Die Adverbien können verschiedene „Umstände" näher beleuchten: die Art des Ortes auf die Frage: wo? wohin? woher?; die Art der Zeit auf die Frage: wann? wie lange? seit wann?; die Art (der Art und Weise): wie? auf welche Weise?; die Art des Grundes auf die Frage: warum? weshalb?

Im nächsten Satz bezeichnet das Adverb die Art und Weise, <u>wie</u> die Sängerin singt. Es hat eine Endung (hier -ē) und ist unveränderlich.

Cantātrix pulchrē cantat.
Sängerin schön(Adv) singt(-sie)
Die Sängerin singt schön.

Im Unterschied dazu – wir erinnern uns – bezeichnet das Adjektiv eine Eigenschaft des Substantivs, bei dem es steht, und muss mit diesem in Kasus (Fall), Numerus (Zahl) und Genus (Geschlecht) übereinstimmen.

Cantātrix pulchra cantat.
Sängerin schöne(f) singt(-sie)
Die schöne Sängerin singt.

Im Deutschen steht hier statt des Adjektivs ein Prädikativum (= Gleichsetzungsgröße), das die Form des Adverbs hat.

In Sätzen mit esse (sein) muss im Lateinischen das Prädikatsnomen des Adjektivs stehen:

Cantātrix pulchra est.
Sängerin schöne(f) ist
Die Sängerin ist schön.

Cantātor clārus est.
Sänger berühmter(m) ist
Der Sänger ist berühmt.

●Bei den Adjektiven der 1. und 2. Deklination tritt die Endung -ē/-ō an den Wortstamm: **Bildung der Adverbien**

Adjektiv	Stamm	Adverb
iūstus (gerecht)	**iust-**	**iust-ē**
miser (elend)	**miser-**	**miser-ē**
pulcher (schön)	**pulchr-**	**pulchr-ē**
rārus (selten)	**rār-**	**rār-ō**

●Bei den Adjektiven der 3. Deklination hängt man -iter an den Stamm.

Adjektiv	Stamm	Adverb
celer (schnell)	**celer-**	**celer-iter**

Wie immer gibt es auch einige Ausnahmen:

Adjektiv	Adverb
bonus (gut)	**ben-e**
malus (schlecht)	**mal-e**
difficilis (schwierig)	**difficul-ter**
hūmānus (menschlich)	**hūman-iter**

●Es gibt wie im Deutschen eine große Gruppe von ursprünglichen Adverbien, so z. B. „sofort, allmählich, genug" etc. Diese sind nicht immer von Adjektiven abgeleitet.

statim	sofort	**paulātim**	allmählich
satis	genug	**clam**	heimlich

Corōllārium semper largiter dō!
Trinkgeld[4] immer großzügig(Adv) gebe(-ich)
Ich gebe immer großzügig Trinkgeld!

Präpositionen

Präpositionen (Verhältniswörter) stehen vor einem Substantiv oder einem Pronomen und erläutern dessen Verhältnis zur Aussage des Satzes; außerdem bestimmen sie den Kasus.

Auf die Frage „wohin?" (= Richtung) steht der 4. Fall (Akkusativ). Auf die Frage „wo?" (= Ort) steht der 5. Fall (Ablativ). Der richtige Gebrauch der Präpositionen bedarf einiger Übung, da sich ihr Gebrauch im Lateinischen vom Deutschen unterscheidet.

In hoc dēversōrium inīmus.
in+4 dieses4 Herberge4 hineingehen(-wir)
Wir gehen in dieses Hotel.

In hospitiō pernoctat.
in+5 Pension5 übernachtet(-er)
Er übernachtet in einer Pension.

Ante hōram septimam (venīre) nōn queō.
vor+4 Stunde4 siebte4 (kommen) nicht kann(-ich)
Vor 7 Uhr kann ich nicht (kommen).

Dē hāc rē cōgnōvī.
über+5 dieser5 Sache5 erfahren-habe
Ich habe davon gehört.

Dē rē in animō reputāvī.
über+5 Sache5 in+5 Geist5 erwogen-habe
Ich habe darüber nachgedacht.

Dē rē cum animō meō cōgitāre iterum necesse est.
über+5 Sache5 mit+5 Geist5 meiner5 denken wiederum nötig ist(-es)
Ich muss über die Sache noch mal nachdenken.

Präpositionen, die den Akkusativ verlangen

ante	vor	**post**	hinter, nach
ad	zu, an, bei, bis	**apud**	bei (Personen)
prope	nahe bei	**propter**	nahe bei, wegen
ob	entgegen, wegen	**per**	durch, hindurch
praeter	an vorbei, außer, gegen	**circum, circā**	um (herum)
adversus	gegenüber, gegen (feindlich)	**contrā**	gegenüber, gegen (feindlich)
ergā	gegen (freundlich)	**inter**	zwischen, unter, während
intrā	innerhalb	**extrā**	außerhalb
suprā	oberhalb	**trāns**	über (hinüber), jenseits

Präpositionen, die den Ablativ verlangen

ab, ā	von, von weg (her, an)	**dē**	von ... herab, über (betreffs)
ex, ē	aus, von aus, seit, infolge	**cōram**	in Gegenwart von
sine	ohne	**cum**	mit begleitet von
prae	vor	**prō**	vor, für

Präpositionen, die den Akkusativ oder den Ablativ verlangen

in [+4]	in, an, auf (Frage: wohin?)	**in** [+5]	in, an, auf (Frage: wo?)
sub [+4]	unter (Frage: wohin?), gegen (zeitlich)	**sub** [+5]	unter (Frage: wo?)
super [+4]	über (über – hin) super	**super** [+5]	über (betreffs)

Autoraedam duxit.

Eigenantrieb-Wagen⁴ geführt-hat(-er)

Er ist mit dem Auto gefahren.

Oft lassen sich „Verhältnisse" auch mit dem bloßen Dativ oder Ablativ ausdrücken:

Iterum domī sum.

wiederum Haus³ bin

Ich bin wieder zu Hause.

Domō labōrō.

Haus⁵ arbeite(-ich)

Ich arbeite von zu Hause aus.

Auch Verben können mit einem bestimmten Kasus verbunden sein, der dann bei der Übersetzung berücksichtigt werden muss. Im Lateinischen sucht man dann vergeblich nach der Präposition, die im Deutschen unverzichtbar ist.

Konjunktionen

Konjunktionen (Bindewörter) verbinden entweder Hauptsätze oder Haupt- und Nebensatz.

Hauptsätze
haben koordinierende (= nebenordnende) Konjunktionen, z. B.: et *(und)* *und* sed *(aber).*

Aprīcor, et natāre māvult.
gesonnt-werde(-ich), und schwimmen lieber-will(-er)
Ich sonne mich, und er schwimmt lieber.

Eum exspectāvī, sed nōn vēnit.
ihn[4] erwartet-habe(-ich), aber nicht gekommen-ist
Ich habe auf ihn gewartet, aber er ist nicht gekommen.

Nebensätze
haben subordinierende (unterordnende) Konjunktionen, die verschiedene „Verbindungsverhältnisse" ausdrücken können. Einige Konjunktionen verlangen den Konjunktiv des Verbs.

cum (+ Indikativ)	„als" (temporal/zeitlich)
cum (+ Konjunktiv)	„weil, da" (kausal/begründend)
cum (+ Konjunktiv)	„obwohl" (konzessiv/einräumend)
si (+ Indikativ)	„wenn" (= realer Sinn) (konditional/bedingend)
si (+ Konjunktiv)	„wenn" (= irrealer Sinn) (konditional/bedingend)
ut (+ Konjunktiv)	„dass, damit, um" (+ Inf.) (final/bezweckend)
ut (+ Konjunktiv)	„so, dass" (konsekutiv/folgend)

Cum advēnī, nēmō iam affuit.
als angekommen-bin, niemand schon anwesend-gewesen-ist
Als ich ankam, war niemand mehr da.

Si cupis, pōtiōnem cafēariam inter nōs bibimus.

wenn willst, Trank⁴ Kaffee⁴ zwischen⁺⁴ uns⁴ trinken(-wir)
Wenn du willst, trinken wir einen Kaffee zusammen.

Nesciō, ut hoc mihī indulgēre possim.

nicht-weiß(-ich), dass dieses⁴ mir³ gestatten könne(-ich)
Ich weiß nicht, ob ich mir das leisten kann.

Nesciō, ut rēs fēcerim!

nicht-weiß(-ich), dass Dinge⁴ gemacht-haben-möge
Ich weiß nicht, wie ich das geschafft habe!

Quandō veniēs, ut mē abdūcās?

wann kommen-wirst, dass mich⁴ abholest
Wann kommst du, um mich abzuholen?

Nebensätze kann man auch einfacher durch andere Konstruktionen ausdrücken (siehe folgende Kapitel).

nē ... quidem	nicht einmal
nec ... nec	weder ... noch
neque ... neque	weder ... noch
neque vērō	aber nicht
nōn iam	nicht mehr
nōn modo ... sed etiam	nicht nur ... sondern auch
nōndum	noch nicht
nē (+ Konjunktiv)	dass nicht, damit nicht
nisī	wenn nicht
nisī sī	außer wenn

Achtung: Das Verb timēre *(fürchten) steht mit* nē!

Timeō, nē marsūpium meum / clāvem meam oblītus/oblīta sim.

fürchte(-ich), dass-nicht Geldbeutel⁴ mein⁴ / Schlüssel⁴ mein⁴ vergessen-worden(m/f) sei(-ich)
Ich fürchte, ich habe mein Portemonnaie / meinen Schlüssel vergessen. *(sagt Mann/Frau)*

AcI, PC & Abl Abs

Nebensätze werden im Lateinischen oft durch Konstruktionen ausgedrückt, die man im Deutschen nicht immer nachahmen kann.

Der AcI

Beachten Sie: Der Infinitiv Präsens Aktiv drückt im AcI immer die Gleichzeitigkeit der Handlung zu der des Hauptsatzes aus.

Der AcI (Accūsātīvus cum Infinītīvo „Akkusativ mit Infinitiv") ist eine typische Konstruktion der lateinischen Sprache und und vereinfacht erheblich die Aussage, weil man keinen komplizierten Nebensatz bilden muss.

Līberōs lūdere vīdeō.
Kinder[4] spielen sehe(-ich)
Ich sehe die Kinder spielen. (hier: dt. AcI)

lateinischer Hauptsatz		lateinischer AcI		
Subjekt	Prädikat	lateinischer Akkusativ	Adjektiv zu „amīcus" (= Prädikatsnomen)	Infinitiv
Amīcus meus putat		**sē**	**maximus**	**esse.**
Freund meiner glaubt		*ihn[4]*	*größter(m)*	*sein*
deutscher Hauptsatz		deutscher Nebensatz		
		Subjekt	Prädikatsnomen	Prädikat
Mein Freund glaubt,		dass er	der größte	sei.

Putō tē dēlīrāre!
glaube(-ich) dich[4] wahnsinnig-sein
Ich glaube, du spinnst!

Dīxī mē huic reī cūrāre.
gesagt-habe(-ich) mich[4] diese[3] Sache[3] kümmern
Ich habe gesagt, dass ich mich darum kümmere.

Im Hauptsatz gibt es jeweils einen so genann- **AcI auslösende**
ten AcI-Auslöser, d. h. ein bestimmtes Verb **Verben**
zieht einen AcI nach sich.

Verben der Wahrnehmung und des Denkens,
wie z. B. **audīre** (hören), **credere** (glauben) oder
vidēre (sehen);

Aussageverben wie z. B. **affirmāre** (versichern,
behaupten), **promittere** (versprechen), **dīcere**
(sagen) oder **referre** (berichten);

Verben der Gemütsbewegung, des Verbotes, des
Begehrens;

einige unpersönliche Ausdrücke.

Optō tē fortūnā ūtī!
wünsche(-ich) dich[4] Glück[5] gebraucht-werden
Ich wünsche dir, dass du Glück hast.

*In den nebenstehenden
Sätzen wurde der
AcI mit dem Infinitiv
Präsens Passiv (uti)*

Cōgitāre nōn possum eum id fēcisse.
denken nicht kann(-ich) ihn[4] es[4] gemacht-haben
Ich kann mir nicht vorstellen, dass er das
getan hat.

*und dem Infinitiv
Perfekt Aktiv (fecisse)
gebildet.*

Das Pc

Das Pc (Participium coniunctum „verbundenes Partizip") ist eine einfache Art, lateinische Nebensätze zu bilden, ohne sich um Zeiten oder
Konjunktive und Konjunktionen den Kopf
zerbrechen zu müssen. Man unterscheidet zwischen Partizip Präsens (auch Partizip der
Gleichzeitigkeit genannt), Partizip Perfekt
(auch Partizip der Vorzeitigkeit) und Partizip
Futur (auch Partizip der Nachzeitigkeit).

*Das Pc bezieht sich
immer auf das Subjekt
oder ein anderes
Substantiv im Satz.
Es verhält sich
wie ein Adjektiv
(KNG-Regel!).*

Partizip Präsens

Das Partizip Präsens wird gebildet, indem an den Präsensstamm des Verbs -nt- und eine passende Endung gemäß 3. Deklination (KNG-Regel!) angehängt werden. Der Nominativ Sg lautet abweichend für alle drei Genera -ns, der Ablativ endet (vom Deklinationsmuster abweichend) immer auf -e.

Das Partizip Präsens bezeichnet als Partizip der Gleichzeitigkeit, dass die in ihm „versteckte" Handlung gleichzeitig (!) zum Zeitpunkt der Haupthandlung abläuft. Sie bedeutet nicht, dass seine Handlung nur im Präsens übersetzt werden darf!

Tē vidēns gaudeō.
dich⁴ sehend freue(-ich)
Ich freue mich, wenn ich dich sehe.
(= Gleichzeitigkeit, weil beide Handlungen im Präsens ablaufen)

Tē vidēns gaudēbat.
dich⁴ sehend freute(-ich)
Ich freute mich, als ich dich sah.
(= Gleichzeitigkeit, weil beide Handlungen in der Vergangenheit ablaufen)

Partizip Perfekt

Die Bildung des Partizip Perfekt ist bereits aus dem Kapitel über das Perfekt bekannt.

Das Partizip Perfekt wird benutzt, um die Vorzeitigkeit der Handlung des Partizips gegenüber der Haupthandlung zu betonen.

Tē vīsus/vīsa gaudeō.
dich gesehener(m)/gesehene(f) freue(-ich)
Da ich dich gesehen habe, freue ich mich.
(= Vorzeitigkeit im Präsens)

Tē vīsus/vīsa gaudēbat.
dich gesehener(m)/gesehene(f) freute-mich(-ich)
Nachdem ich dich gesehen hatte, freute ich mich. (= Vorzeitigkeit im Imperfekt)

Das Partizip Futur bezeichnet die Nachzeitigkeit. Es geht also um eine Handlung, die in Bezug auf die Haupthandlung erst noch stattfinden wird (in der Zukunft).

Partizip Futur

Tē vīsūrus/vīsūra gaudeō!
dich einer-der-/die-sehen-wird(m/f) freue(-ich)
Wenn ich dich sehen werde, freue ich mich.

Das Partizip kann man auf viele verschiedene Arten übersetzen. Selbstverständlich sind nicht alle Übersetzungen sinnvoll. Man sollte die sinnvollste wählen!

Dich **sehend** freue ich mich.	→ wörtlich (Partizip Präsens)
Während/als ich dich sehe, freue ich mich.	→ temporaler Nebensatz .bei Gleichzeitigkeit
Nachdem ich dich gesehen habe, freue ich mich.	... bei Vorzeitigkeit
Weil ich dich sehe, freue ich mich.	→ kausaler Nebensatz
Obwohl ich dich sehe, freue ich mich.	→ konzessiver Nebensatz
Wenn ich dich sehe, freue ich mich.	→ konditionaler Nebensatz
Ich freue mich, **wohingegen** ich dich sehe.	⟩ adversativer Nebensatz
Ich, **die** ich dich sehe, freue mich.	→ Relativsatz
Ich sehe dich **und freue mich.**	→ Hauptsatz
Bei deinem Anblick (**dich-Sehen**) freue ich mich.	→ Substantiv mit Präposition

Der Abl Abs

Der Ablativus absolutus ist – im Gegensatz zum Pc – ein nicht mit der Haupthandlung verbundenes Partizip, das nur im Ablativ auftritt. Er ist absolut („losgelöst"), und bildet einen Satz im Satz (Übersetzungsmöglichkeiten s. o.). Mit einem Relativsatz kann er natürlich nicht übersetzt werden, da die Handlung ja von der Haupthandlung losgelöst ist!

Duobus lītigantibus tertius gaudet.

zwei⁵ Streitende⁵ Dritter froh-ist(-er)
Wenn zwei sich streiten, freut sich der Dritte. (gleichzeitig)

Occāsiōne data tē visitābō.

Gelegenheit⁵ gegeben⁵ dich⁴ besuchen-werde(-ich)
Wenn sich eine Gelegenheit ergeben hat („haben wird"), werde ich dich besuchen. (vorzeitig)

Fāma corrupta sine cūrā vīvītur.

Ruf⁵ ruiniert⁵ ohne+⁵ Sorge⁵ gelebt-wird(-es)
Ist der Ruf erst ruiniert, lebt sich's völlig ungeniert. (vorzeitig)

Te acu rem tangere puto!

Ich glaube, du hast den Nagel auf den Kopf getroffen!

Auffordern, Verbieten & Wünschen

Aufforderungen, Befehle und Verbote können im Lateinischen durch den Imperativ (Befehlsform) und den Konjunktiv ausgedrückt werden. Der Konjunktiv alleine kann bereits Wunsch und Begehren ausdrücken.

Imperativ

Für Befehle oder Verbote im Singular – also an eine Person – genügt bei der ā-, ē- und ī-Konjugation der einfache Wortstamm, z. B. amā! (liebe!), tacē! (schweig!) und audī! (hör!). Die anderen Konjugationen fügen ein -e- an den Stamm an, also mitte! (schicke!) und cape! (nimm!).

Auffordern

Richtet man sich an mehrere Personen, wird zusätzlich ein -te als Endung angehängt. Die 3. und 5. Konjugation fügen darüber hinaus ein -i- ein.

Singular	amā!	tacē!	mitte!	audī!	cape!
	liebe!	schweig!	schicke!	hör!	nimm!
Plural	amā-te!	tacē-te	mitt-i-te!	audī-te!	capi-te
	liebt!	schweigt!	schickt!	hört!	nehmt!

Merken Sie sich folgende Ausnahmen:

dic!	fac!	duc!	fer!
sag!	mach!	führe!	trag!

Salvē, dēliciolae!
sei-gesund, Schätzchen[6]
Hallo, Schätzchen!

Adiuvā mē!
hilf mich[4]
Hilf mir!

Da die Römer die Höflichkeitsform „Sie" nicht kannten, ist „Sie" im Lateinischen mit der Anrede „du"/„ihr" zu übersetzen.

Salvēte, dominae dominīque!
seid-gesund, Damen[6] Herren[6]-und
Seien Sie gegrüßt, Damen und Herren!

Submittedum paululum vōcem!
absenke-doch ein-wenig(Adv) Stimme[4]
Sprich doch etwas leiser!

Mōnstrā mihī syngraphum tuum!
zeig mir[3] Reisepass[4] deinen[2]
Zeigen Sie mir Ihren Reisepass!

Verbieten

Verneint wird der Imperativ mit dem Imperativ von nōlle + Infinitiv.

Nōlī flēre!
nicht-wolle weinen
Weine nicht!

Nōlīte blaterāre!
nicht-wollt plappern
Quatscht nicht!

Nōlī mē tangere!
nicht-wolle mich[4] berühren
Rühr mich nicht an!

Der Konjunktiv

Mit dem Konjunktiv kann man Wünsche und Aufforderungen oder auch Verbote auszudrücken. Oft wird das Begehren im Deutschen durch „hoffentlich" oder „wenn doch nur" unterstützt. Diese Funktion erfüllt die Wunschpartikel utinam bzw. utinam nē (verneint).

Eāmus! (Konjunktiv Präsens Aktiv)
mögen-gehen(-wir)
Gehen wir! / Lasst uns gehen!

Conveniāmus in hortum cervēsārium!
zusammenkommen-mögen(-wir) in[4] Garten[4] Bier-
Treffen wir uns im Biergarten!

Utinam nē superbus essēs! (Konj. Imp. Aktiv)
wenn-doch nicht hochmütig(m) wärest(-du)
Wenn du (m) doch nicht so arrogant wärest!

Possīsne paululum vōcem mittere?
könntest-? ein-wenig(Adv) Stimme[4] schicken
Könntest du etwas lauter sprechen?

Gerundium & Gerundivum

Auch an diesen Konstruktionen kommt keiner, der Latein sprechen möchte, vorbei.

Das Gerundium

Das Gerundium ist eine Infinitivform, die dekliniert werden kann. Das können wir mit unseren deutschen Verben auch machen; und da aus dem Verb ein Substantiv wird, müssen wir es im Deutschen groß schreiben: „(Das) Lachen ist gesund. (Das) Bügeln ist langweilig. (Das) Schwimmen macht Spaß."

Das lateinische Gerundium kann mit einem Substantiv übersetzt werden, mit einem Infinitiv mit „um zu" oder sogar mit einem Nebensatz mit der Konjunktion „dass", „indem/dadurch, dass".

Das Erkennungszeichen des Gerundiums ist nd-. Es wird zwischen Verbstamm und Endung eingeschoben, nur die konsonantische Konjugation und die (langvokalische) ī-Konjugation schieben als Erkennungszeichen -end- ein. Die angefügten Kasus-Endungen kennen wir aus der ō-Deklination Singular!

1. Fall (Infinitiv)	**dare** (geben)	das Geben
2. Fall (oft mit der Präposition causa)	**da-nd-ī**	des Gebens
3. Fall (wird sehr selten benutzt!)	**da-nd-ō**	dem Geben
4. Fall (kommt meistens mit der Präposition ad vor!)	**da-nd-um**	das Geben
5. Fall	**da-nd-ō**	(durch) das Geben

Parātus/parāta nōn sum ad tē praestōlandum.
bereit(m/f) nicht bin zu[+4] dich[4] Warten[4]
Ich habe keinen Bock auf dich zu warten.

Das Gerundium kann durch Adverbien sowie durch Objekte/ Attribute näher bestimmt werden (hier: vestrī/ tē).

Hoc est difficile ad tolerandum!
dieses[4] ist schwer zu Ertragen[4]
Das ist schwer zu ertragen!

Quaenam causa contendendī vestrī fuit?
welche-denn Grund Streitens[2] euer[2] gewesen-ist
Was war denn der Grund eures Streites?

Amō tē rīdendī causa.
liebe(-ich) dich[4] Lächelns[2] wegen
Ich liebe dein Lächeln.

Das Gerundivum

Das Gerundivum wird wie das Gerundium von einem Verb gebildet; es ist aber kein Substantiv, sondern seiner Form nach ein Adjektiv in passiver Bedeutung mit den Erkennungszeichen -nd- bzw. -end- und den aus der a-/o-Deklination bekannten Endungen -us, -a, -um. Die passive Bedeutung erkennt man am einfachsten in der wörtlichen Übersetzung. Es gibt 2 unterschiedliche Verwendungsarten:

Das Gerundivum kann ein anderes Wort näher beschreiben und richtet sich nach diesem in Kasus, Numerus und Genus!

1. Verwendung, um einen Zweck auszudrücken

Mihī occāsiō tuī conveniendī dēerat.
mir[3] Gelegenheit deiner[2] zu-treffend[2] fehlte(-es)
Ich hatte keine Chance dich zu treffen.

Bene faciendī cupidus/cupida sim.
gut(Adv) zu-machend[2] begierig(m/f) sei(-ich)
Das ließe sich (für mich) gut einrichten.

Rōmam volāvī ad meōs amīcōs visitandōs.
Rom⁴ geflogen-bin zu⁺⁴ meine⁴ Freunde⁴ zu-besuchende⁴
Ich bin nach Rom geflogen, um meine Freunde zu besuchen.

In tē loquī audiendō mente capior.
in⁺⁵ dir⁵ sprechen-werden zu-hörend⁵ Verstand⁵ ergriffen-werde(-ich)
Ich werd' verrückt, wenn ich dich so reden höre.

Übersetzen kann man das Gerundivum mit einem substantivierten Infinitiv („durch das Lesen"), einem Substantiv auf „-ung" (z. B. „durch Werbung") oder wie hier durch einen Infinitiv- oder Nebensatz.

Das Gerundivum kann zusammen mit einer Form von esse auch das Prädikat (also die Aussage) eines Satzes bilden. Es bezeichnet immer eine Notwendigkeit und wird einfach mit einem Infinitiv mit „zu" oder mit einer Form von „müssen" und in der Verneinung mit „nicht dürfen" übersetzt".

2. Verwendung, um „müssen" oder „nicht-dürfen" auszudrücken

Mihī unā āvehendum nōn erat.
mir³ gemeinsam(Adv) wegzufahrend nicht war(es)
Ich durfte nicht mitfahren.

Wird die handelnde Person genannt, steht sie im 3. Fall (Dativus auctoris), hier z. B. mihī und tibī.

Tibī nūllō tempore „numquam" dīcendum est!
dir³ keiner⁵ Zeit⁵ „nie" zu-sagend ist
Sag niemals nie!

Tibī animum attendendum est!
dir³ Geist⁴ aufzupassend ist
Du musst aufpassen!

Tibī interblaterandum nōn est!
dir³ dazwischenzufaselnd nicht ist
Du darfst nicht dazwischenquatschen!

Fragen & Fragewörter

Fragesätze werden im Lateinischen mit Signal- oder Fragewörtern gebildet.

Fragen ohne Fragewörter

direkte Fragen, deren Antwort offen ist

Die Fragepartikel -ne ist nicht übersetzbar, weswegen sie in der Wort-für-Wort-Übersetzung durch das Fragezeichen repräsentiert wird.

Bei Fragen, die im Deutschen ohne Fragewörter formuliert werden, hängt man im Lateinischen die Fragepartikel -ne an das erste Wort des Satzes. Es ist nicht übersetzbar und zeigt eigentlich nur an, dass es sich um eine Frage handelt, deren Antwort offen ist.

Lūditne/lūduntne hodiē Ācrimōnia Cottabus/Bavaria Monachium/Glasgua Cūstōdēs?
spielt(-sie)-?/ spielen(-sie)-? heute Energie Cottbus / Bayern München/Glasgow Rangers
Spielt /spielen heute „Energie Cottbus" / „Bayern München" / „Glasgow Rangers"?

Fuistīne herī in theātrō?
gewesen-bist-? gestern in[+5] Theater[5]
Warst du gestern im Theater?

direkte Fragen, die eine bejahende Antwort erwarten

Erwartet der Fragende eine eher zustimmende/positive Antwort des Befragten, benutzt er nōnne am Satzanfang. Die Übersetzung kann in etwas so lauten: „... nicht wahr?".

Nōnne animadvertis?
nicht-? bemerkst
Siehst du denn nicht?

Nōnne Madonna cantat?
nicht-? Madonna singt(-sie)
Madonna singt, nicht wahr?

Erwartet der Fragende eine verneinende Antwort des Befragten, benutzt er num (etwa: „denn, wohl, etwa, doch wohl nicht") am Satzanfang. Oft wird dies im Deutschen gar nicht ausgedrückt!

direkte Fragen, die eine verneinende Antwort erwarten

Num conventum nostrum oblītus/oblīta es?
etwa(?) Verabredung⁴ unsere⁴
vergessen-worden(m/f) bist
Hast du etwa unsere Verabredung vergessen?

Im Lateinischen wird nie nur mit einem Ja oder Nein geantwortet – es gibt für Ja oder Nein nicht einmal entsprechende Bezeichnungen.

Num mē sūgillāre vīs?
etwa(?) mich⁴ verhöhnen willst
Willst du mich etwa verarschen?

Fragen mit Fragewörtern

substantivische Fragewörter	
1. Fall	**quis?** (wer?), **quid?** (was?)
2. Fall	**cūius?** (wessen?)
3. Fall	**cui?** (wem?)
4. Fall	**quem?** (wen?), **quid?** (was?)
5. Fall	**quō?** (durch wen/was?),
	ā quō? (von wem?),
	quōcum? (mit wem?)

Quid quaeris?
was⁴ verlangst
Was fragst du noch?

Quis loquitur?
wer gesprochen-wird
Wer spricht?

Man unterscheidet:
a) Fragen, die substantivisch *(also „wer?, was?")* sind und nach Personen sowie Tieren/Sachen/Vorgängen fragen, und b) Fragen, die adjektivisch *(„welcher?, welche?, welches?")* sind und nach Eigenschaften oder bestimmten Personen/Tieren/Sachen aus einer Gruppe fragen.

Quid hīc tibī negōtiī est?
was[4] hier dir[3] Beschäftigung ist
Was hast du hier zu suchen?

Cui bonō est?
wem[3] Nutzen[5] ist
Wer hat einen Vorteil (davon)?

Cui hoc est?
wem[3] dieses ist
Wem gehört das?

adjektivische Fragewörter

Diese Fragewörter werden wie Adjektive gebraucht und müssen sich wie diese nach dem Substantiv, auf das sie sich beziehen, richten. Die adjektivischen Fragewörter werden mit „welcher?, welche?, welches?" übersetzt.

	Singular			Plural		
	m	f	n	m	f	n
1. Fall	qui	quae	quod	qui	quae	quae
2. Fall	cūius	cūius	cūius	quōrum	quārum	quōrum
3. Fall	cui	cui	cui	quibus	quibus	quibus
4. Fall	quem	quam	quod	quōs	quās	quae
5. Fall	quō*	quā*	quō*	quibus*	quibus*	quibus*

* *(Tabelle): Die Ablativformen (5. Fall) werden mit der Präposition* cum *oft zu* quōcum, quācum, quibuscum *verbunden.*

Quō annō nātus/nāta es?
welches[5] Jahr[5] geboren(m/f) bist
In welchem Jahr bist du / sind Sie geboren? / Wie alt bist du / sind Sie? *(zu Mann/Frau)*

Quōs hospites (ad pervigilium) invītāvistī?
welche[4] Gäste[4] (zu[+4] Party[4]) eingeladen-hast
Welche Gäste hast du (zur Party) eingeladen?

Qui vir Germānicus cervēsiam frigīdam nōn dīligit?

welcher Mann deutsch Bier⁴ kühl⁴ nicht liebt(-er)

Welcher deutsche Mann liebt nicht ein kühles Bier?

weitere Fragewörter

cur?	warum?, weshalb?
ubī?	wo?
quo?	wohin?
unde?	woher?
quando?	wann?
quantus, -a, -um?	wie viel(e)? (adjektivisch)
quantum, -ī (n)	wie viel? (substantivisch)

Cur tacēs?

warum schweigst

Warum schweigst du?

Quō vadis?

wo⁵ gehst

Wohin gehst du?

Quanti hominēs veniēbant?

wieviele Menschen kamen(-sie)

Wie viele Menschen kamen?

Quantum prō eā rē solvistī?

wieviel für⁺⁵ diese⁵ Sache⁵ bezahlt-hast

Wie viel hast du dafür bezahlt?

Ubī mea clavis autocinētica est?

wo mein Schlüssel Auto² ist

Wo ist mein Autoschlüssel?

Quo vadis raptim, pupula?

Wohin so eilig, Kleines?

Relativsätze

Relativsätze werden im Lateinischen genauso gebildet wie im Deutschen, nämlich mit einem Relativpronomen. Es richtet sich also in Genus und Numerus nach dem Bezugswort im übergeordneten Satz, im Kasus jedoch nach dem Satzglied, dessen Platz es im Relativsatz einnimmt!

Die Relativpronomen sind identisch mit den Formen des adjektivischen Fragepronomens. Wir können sie in Deutsch mit den entsprechenden Formen von „der, die das" oder „welcher, welche, welches" übersetzen.

Ego sum ea, quam quaeris!
ich bin die[4], welche[4] verlangst
Ich bin die, die du suchst.

Tibī aliquid est, quod mihī est.
dir[3] etwas ist, welches mir[3] ist
Du hast etwas, das mir gehört.

Ecce vestis, quam libenter habeam!
sieh-da Kleid, welches[4] gerne haben-möchte(-ich)
Das ist das Kleid, das ich gerne hätte!

Quaerō aliquem qui Latīne fācunde loquitur.
verlange(-ich) jemanden[4] der Lateinisch(Adv) fließend(Adv) gesprochen-wird(-er)
Ich suche jemanden, der fließend Latein spricht.

Fuistī ille/illa, quī/quae tēlephōnāvit?
gewesen-bist jener/jene, welcher/welche angerufen-hat(-er/-sie)
Waren Sie das, der/die angerufen hat?

Zahlen & Zählen

Das lateinische Zahlensystem ist sehr kompliziert und nicht einfach zu erklären. Vor allem die „höheren" Zahlen sind etwas für „Eingeweihte". Von den Grundzahlen werden nur ūnus, duo, trēs, die Hunderter von ducentī bis nōngentī und der Plural von mīlia dekliniert. Alle Ordnungszahlen werden wie drei-endige Adjektive der a-/o-Deklination dekliniert

> Ea solum sunt nugae!

Das sind doch nur Peanuts!

(s. prīmus, -a, -um). Die alten Lateiner kannten noch keine Null; dies machte das Schreiben von Zahlen sehr kompliziert.

Zahlzeichen		Kardinalzahl	Ordinalzahl
dt.	lat.	„wie viele?"	„der wievielte?"
1	I	ūnus, -a, -um	prīmus, -a, -um
2	II	duo (m/n), duae (f)	secundus/alter
3	III	trēs (m/f), tria (n)	tertius
4	IV	quattuor	quārtus
5	V	quīnque	quīntus
6	VI	sex	sextus
7	VII	septem	septimus
8	VIII	octō	octāvus
9	VIII	novem	nōnus
10	X	decem	decimus

Das Rechnen mit den römischen Zahlen ist nicht nur für uns eine Herausforderung, sondern bereitete auch den professionellen römischen calculātōrēs *(Rechenmeistern) einige Schwierigkeiten und war ohne den Abakus undenkbar.*

Zahlen & Zählen

Zahlzeichen		Kardinalzahl	Ordinalzahl
dt.	lat.	„wie viele?"	„der wievielte?"
11	**XI**	ūndecim	ūndecimus
12	**XII**	duodecim	duodecimus
13	**XIII**	trēdecim	**tertius decimus** *(dritter zehnter)*
14	**XIV**	quattuordecim	**quārtus decimus** *(vierter zehnter)*
15	**XV**	quīndecim	**quīntus decimus** *(fünfter zehnter)*
16	**XVI**	sēdecim	sextus decimus
17	**XVII**	septendecim	septimus decimus
18	**XVIII**	duodēvīgintī	duodēvīcēsimus
19	**XIX**	ūndēvīgintī	ūndēvīcēsimus
20	**XX**	vīgintī	vīcēsimus
21	**XXI**	ūnus et vīgintī	ūnus et vīcēsimus
		eins und zwanzig	*eins und zwanzigster*
	(oder:)	vīgintī ūnus	vīcēsimus prīmus
		zwanzig eins	*zwanzigster eins*
28	**XXVIII**	duodētrīginta	duodētrīcēsimus
29	**XXIX**	ūndētrīginta	ūndētrīcēsimus
30	**XXX**	trīginta	trīcēsimus
40	**XL**	quadrāginta	quadrāgēsimus
50	**L**	quīnquāginta	quīnquāgēsimus
60	**LX**	sexāginta	sexāgēsimus
70	**LXX**	septuāginta	septuāgēsimus
80	**LXXX**	octōginta	octōgēsimus
90	**XC**	nōnāginta	nōnāgēsimus
100	**C**	centum	centēsimus
101	**CI**	centum (et) ūnus	centēsimus prīmus
		hundert (und) eins	*hundertster erster*
200	**CC**	ducentī, -ae, -a	ducentēsimus
300	**CCC**	trecentī	trecentēsimus
400	**CD**	quadringentī	quadringentēsimus
500	**D**	quīngentī	quīngentēsimus
600	**DC**	sescentī	sescentēsiumus
700	**DCC**	septingentī	septingentēsimus
800	**DCCC**	octingentī	octingentēsimus
900	**XM**	nōngentī	nōngentēsimus

Zahlzeichen		Kardinalzahl	Ordinalzahl
dt.	lat.	„wie viele?"	„der wievielte?"
1.000	**M**	**mīlle**	**mīllēsimus**
2.000	**MM**	**duo mīlia**	**bis mīllēsimus**
		zwei tausende	*zweimal tausendster*
100.000	**C**	**centum mīlia**	**centies mīllēsimus**
		hundert tausende	*hundertmal tausendster*
500.000	**D̄**	**quīngenta mīlia**	**quīngenties mīllēsimus**
		fünfhundert tausende	*fünfhundertmal tausendster*
1 Mio.	**│X̄│**	**deciēs centēna mīlia**	**deciēs centiēs mīllēsimus**
		zehnmal je hundert tausende	*zehnmal hundertmal tausendster*

Deklinierbare Zahlwörter sind dem Substantiv, auf das sie sich beziehen, immer vorangestellt und richten sich in Kasus, Numerus und Genus nach diesem. Das Substantiv steht im Plural, wenn das Zahlwort 2 (Kardinalzahl) oder höher ist.

ūnus vir	**duae mulierēs**	**tria plaustra**
eins Mann	*zwei Frauen*	*drei Wagen*
ein (= 1) Mann	zwei Frauen	drei Wagen

Neben den uns im Deutschen bekannten Kardinal- (Grundzahlen) und Ordinalzahlen (Ordnungszahlen) gibt es außerdem Multiplikativzahlen (Frage: „wie oft?"), z. B. semel (1-mal), bis (2-mal) ter (3-mal), Distributiv- oder Verteilungszahlen (Frage: „wie viele jedesmal?"), z. B. singuli (je einer), bini (je zwei), terni (je drei) etc. Die Multiplikativzahlen werden auch benutzt, um höhere Zahlen zu bilden: der 20.000ste heißt vīciēs mīllēsimus („zwanzigmal der Tausendste").

Beachten Sie: „Ein" als Artikel wird nicht übersetzt! „Eins" als Kardinalzahl steht vor dem Substantiv und hat meist die Bedeutung „einer allein". Häufiger ist der Gebrauch von ūnus allerdings als „einer" aus einer Menge (meist mit ūnus ex/de + Substantiv im Ablativ übersetzt).

Glossar grammatikalischer Begriffe

Ablativ 5. Fall, Angabe von Ort, Zeit, Mittel, Trennung → hōrā primā *(zur ersten Stunde/um 1 Uhr)*

Ablativus absolutus „losgelöster" Ablativ, oft mit Nebensatz zu übersetzen

Adjektiv Eigenschaftswort, richtet sich nach dem Substantiv, das es beschreibt → pulcher *(schön)*

Adverb Umstandswort, beschreibt Art und Weise einer Handlung od. andere Adverbien → libenter *(gern)*, saepe *(oft)*

Akkusativ 4. Fall, Frage: wen?, was?, wohin? → hominem *(den Mann)*

Aktiv Genus/Handlungsform des Verbs, Tatform, im Gegensatz zum Passiv → Puella amat. *(Das Mädchen liebt.)*

Artikel Geschlechtswort. Das Lateinische kennt keine Artikel

Dativ 3. Fall, Frage: wem?, was?, für wen? → hominī *(dem Mann)*

Deklination Beugung eines Nomens in Kasus, Numerus, Genus

Deponens Verb mit passiver Form, das aber nur noch eine aktive Bedeutung hat → loquī *(reden)*, loquor *(wörtl. „gesprochen-werde(-ich)", Übersetzung mit „ich spreche", also 1. Pers. Sg. Präsens Aktiv)*

Elativ absoluter Superlativ (d. h. ohne Bezugswort) → puella pulcherrima *(bildschönes Mädchen)*

Femininum weiblich, grammatisches Geschlecht

Futur I Zukunftsform des Verbs → amābō *(ich werde lieben)*

Futur II 2. Zukunftsform (Perfektfutur) → amāverō *(ich werde geliebt haben)*

Genitiv 2. Fall, Frage: wessen? → hominis *(des Mannes)*

Genus grammatisches Geschlecht: maskulinum, femininum, neutrum

Gerundium Verbalsubstantiv, deklinierter Infinitiv → ars amandi *(die Kunst des Liebens)*

Gerundivum Verbaladjektiv, richtet sich nach dem Substantiv, das es dominiert → librīs legendīs *(durch das Bücherlesen)*; zum Ausdruck des Müssens/Nicht-Dürfens → Vocābula sunt discenda. *(Vokabeln müssen gelernt werden.)*

Imperativ Befehlsform des Verbs → amā! *(liebe!)*

Imperfekt Vergangenheitsform des Lateinischen → amābat *(er liebte)*

Indikativ Wirklichkeitsform des Verbs im Gegensatz zum Konjunktiv

Infinitiv (Präsens Aktiv) Grundform (Nennform) des Verbs → amāre *(lieben)*

Interrogativpronomen Fragefürwort → quis? *(wer?)*, cui? *(wem?)*

intransitive Verben können nicht mit einem direkten (Akkusativ-)Objekt stehen → dormīre *(schlafen)*

Kardinalzahlen Grundzahlen → ūnus *(eins)*

Kasus Fall (auf Nomen bezogen): Nominativ, Genitiv, Dativ, Akkusativ ...

Komparation Steigerung und Vergleichsform bei Adjektiven → pulchrior *(schöner)*

Konjugation Beugung der Verbform → amō *(ich liebe)*, amās *(du liebst)*

Konjunktion Bindewort → et *(und)*, sed *(aber)*

Konjunktiv Möglichkeitsform des Verbs im Gegensatz zum Indikativ

Konsonant Mitlaut → b, c, d, f, g, h, j ...

Maskulinum männlich, grammatisches Geschlecht

Modus Aussageweise des Verbs, z. B. Indikativ, Konjunktiv, Imperativ

Neutrum sächlich, grammatisches Geschlecht

Nomen Wortart, die dekliniert werden kann: Substantive, Adjektive, Pronomen ...

Nominativ 1. Fall, Frage: wer?, was? → homō *(der Mann)*

Numerale Zahlwort

Numerus Anzahl: Singular (Einzahl), Plural (Mehrzahl)

Objekt Satzglieder, die Subjekt/Prädikat ergänzen

Ordinalzahlen Ordnungszahlen → prīmus *(erster, der erste)*

Participium coniunctum Partizipkonstruktion, die sich nach ihrem Bezugswort richtet (KNG-Regel!)

Partizip Präsens Aktiv Mittelwort der Gegenwart → amāns *(liebend)*

Partizip Perfekt Passiv Mittelwort der Vergangenheit → amātus *(geliebt)*

Partizip Futur Mittelwort der Zukunft → amātūrus *(einer, der lieben wird)*

Passiv Genus des Verbs im Gegensatz zum Aktiv

Perfekt vollendete Gegenwart → amāvī *(ich habe geliebt)*

Personalpronomen persönliches Fürwort → ego *(ich)*, tu *(du)*

Plural Mehrzahl → hominēs *(die Männer)*

Plusquamperfekt Vorvergangenheit → amāverāmus *(wir hatten geliebt)*

Possessivpronomen besitzanzeigendes Fürwort → meus *(mein)*, tuus *(dein)*

Prädikat Satzaussage, wird durch ein konjugiertes Verb bestimmt → Puella amat. *(Das Mädchen liebt)*.

Prädikatsnomen Gleichsetzungsgröße, stimmt mit dem Subjekt nach der KNG-Regel überein.

Präposition Verhältniswort, verlangt einen bestimmten Kasus → in *(in)*, de *(von)*, ex *(aus)*

Präsens Gegenwart → amō *(ich liebe)*

Pronomen Fürwort, Stellvertreter eines Nomens → is, ea, id *(er, sie, es)*

Reflexivpronomen rückbezügliches Fürwort → se *(sich)*

Relativpronomen bezügliches Fürwort → qui, quae, quod *(welcher, welche, welches)*

Singular Einzahl → homō *(der Mann)*

Subjekt Satzgegenstand (Nominativ) → Puella amat. *(Das Mädchen liebt)*

Substantiv Hauptwort → puella *(Mädchen)*

Superlativ Höchststufe der Steigerung eines Adjektivs → pulcherrima *(die schönste)*

Tempus Zeitstufe des Verbs, z. B. Präsens, Perfekt, Imperfekt, Futur

transitive Verben können mit einem direkten Objekt (= Akkusativ) stehen → amāre *(jemanden lieben)*

Verb Tätigkeitswort, Zeitwort → amāre *(lieben)*

Vokal Selbstlaut → a, e, i, o, u

Vokativ 6. Fall, Anrede-Fall → Dominē! *(Herr!)*

Literaturhinweise

Folgende Bücher möchten wir Ihnen als Latein-interessierten gerne weiterempfehlen:

Lexika/Lehrbücher/ Grammatiken

Die hier genannten Bücher/Schriften sind nicht über den Reise Know-How Verlag Peter Rump GmbH erhältlich.

● **HELFER, Christian,** „Lexicon Auxiliare, Societas Latina", Universität des Saarlandes, FR 6.3, Saarbrücken, 1985. *(Sehr empfehlenswert, da modern übersetzt wird und auch Querverweise auf z. T. weitere Ausdrucksweisen gegeben werden.)*

● **„PONS Wörterbuch für Schule und Studium, Latein – Deutsch",** Ernst Klett Sprachen GmbH, Stuttgart, 2003. *(Für Schüler besonders geeignet, da sehr übersichtlich.)*

● **STOWASSER,** Lateinisch-deutsches Schulwörterbuch, G. Freytag Verlag, München, 1979.

● **„NEUES LATEIN-LEXIKON: LEXICON RECENTIS LATINITATIS",** Hrsg.: Libraria Editoria Vaticana, Mathias Lempertz Buchhandlung und Antiquariat GmbH, Bonn, 1998. *(Vom Heiligen Stuhl abgesegnet, aber für unsere Begriffe oft unnötig kompliziert. Christian HELFER ist oft wesentlich treffender.)*

● **„LANGENSCHEIDT (MENGE-GÜTHLING) Großwörterbuch lateinisch-deutsch / deutsch-lateinisch",** Langenscheidt KG, Berlin/München, 2001/2002. *(Sehr hilfreich, da auf jeder Vokabel die Längen- und Kürzenzeichen angegeben sind.)*

● **„Standardwörterbuch KLETT, lateinisch-deutsch/deutsch-lateinisch",** Ernst Klett Verlag für Wissen und Bildung GmbH, Stuttgart, 1992.

● **CAPELLANUS, Georg,** „Sprechen Sie Lateinisch?", 13. Auflage, Ferd. Dümmlers Verlag, Bonn, 1966.

● **EICHENSEER, Caelestis,** „Latein Aktiv", Langenscheidt KG, Berlin und München, 1984.

● **„GRUNDWORTSCHATZ LATEIN nach Sachgruppen",** Ernst KLETT Schulbuchverlag, Leipzig, 1993.

● **KAUTZKY, Wolfgang und KRAMMER, Margit,** „Durchstarten mit Nuntii Latini", Veritas-Verlag Linz, 2. Auflage 2000.

●**VOSSEN, Carl**, „Latein, Muttersprache Europas", Selbstverlag (Herstell. u. Vertrieb: Druckerei und Verlag Hub. Hoch), Düsseldorf, 1981.

●**STÖRIG, Hans Joachim** (in Zusammenarbeit mit Langenscheidt), „Abenteuer Sprache. Ein Streifzug durch die Sprachen der Erde", Humboldt-Taschenbuchverlag Jacobi KG, München, 1992.

Sprachgeschichte

●**WEEBER, Karl-Wilhelm**, „Alltag im Alten Rom: Das Leben in der Stadt: Ein Lexikon", Patmos Verlag, 2003. *(Auch der Römer hatte ein Alltagsleben, abseits von Kriegen und Eroberungen. Sehr empfehlenswert: informativ, amüsant.)*

Zum Alltag der alten Römer

●**APICIUS, Marcus Gravius**, „De re coquinaria", Lat./Dt., hrsg. von Robert Maier, Philipp Reclam jun. GmbH & Co., Stuttgart 1991. *(Einzig erhaltenes römisches Kochbuch auf lateinisch/deutsch.)*

●**WEEBER, Karl-Wilhelm**, „Flirten wie die Alten Römer", Artemis & Winkler, Düsseldorf/Zürich 1997. *(Amüsant und Ovids Flirttipps sind durchaus aktuell.)*

●**FINK, Gerhard**, „Der kleine Schmutzfink: Unflätiges aus dem Latein" (früher: „Schimpf und Schande – Eine vergnügliche Schimpfwortkunde des Lateinischen", Artemis und Winkler, Düsseldorf, 2001. *(In der Tat sehr vergnüglich.)*

Sonstiges/Lateinische Schmankerl

Gibt man in einer Suchmaschine „Latein" ein, wird man mit Seiten quasi zugeschüttet. Wir haben zwei ausgewählt, die uns besonders gut gefallen haben:

Internet

●**www.ista-latina.de**
(Hier kann man Latein auch mal hören. Die Band ISTA macht lateinischen HipHop und beweist, wie gut (und wie schnell) man Latein sprechen kann. Äußerst hörenswert.)

●**www.lateinforum.de**
(Sehr informativ. Bietet ein breites Spektrum an Latein-Infos und interessante Links.)

Für die Qualität und Richtigkeit der Inhalte nebenstehender Adressen zeichnet der Reise Know-How Verlag Peter Rump GmbH nicht verantwortlich.

Wörterliste Deutsch – Modernes Latein

Der Index Vocabulorum (Vokabelverzeichnis) enthält einen modernen Lateinwortschatz von knapp 1500 Wörtern. Er bietet neben einem soliden Grundwortschatz auch viele Vokabeln für den Fortgeschrittenen. Vokabular, das jedoch besser in den einzelnen Kapiteln sortiert ist und dort gefunden werden kann, ist hier nicht immer aufgenommen. Die hier angegebenen Deklinations- und Konjugationsklassen beziehen sich auf das vorliegende Buch! Die in dieser Wörterliste verwendete Systematik wird auch im Konversationsband der Latein-Ausgabe (Kauderwelsch Band 174) verwendet.

Verben

● *Die* **Zahl in eckigen Klammern** *gibt die Konjugationsklasse an, z. B. wird* **āvolāre [1]** *„wegfliegen" nach der 1. Konjugationsklasse (regelmäßig) gebeugt.*

● *Bei* **unregelmäßigen Verbstämmen und/oder -endungen** *werden nach dem senkrechten Strich die Endungen angehängt, die in eckigen Klammern stehen, z. B.* **aper|īre [4, -iō, -uī, -tum]**. *Die Reihenfolge ist immer: a) 1. Person Singular Präsens Indikativ Aktiv (hier* **aperiō** *„ich öffne", b) 1. Person Singular Perfekt Indikativ Aktiv (hier:* **aperuī** *„ich habe geöffnet"), c) das Neutrum des Partizip Perfekt Passivs (hier:* **apertum** *„geöffnet"). Steht kein senkrechter Strich, wird die Endung an das ganze Wort angehängt. Wie in den in der Schule meistens benutzten Wörterbüchern von Klett und Langenscheidt ange-*

geben, sowie in mehreren Schulbüchern (z. B. „Ostia" von Klett) werden hier alle Partizipendungen der Verben einheitlich (soweit es zutrifft) mit der Endung auf **-um** *bezeichnet.*

● *Bei* **sehr unregelmäßigen Formen** *wird das gesamte Wort angegeben, z. B.* **esse [sum, fuī]**. *Manchmal sind nicht alle Formen vom Verb zu bilden. Kann ein Partizip nicht gebildet werden, stehen in den eckigen Klammern nur zwei Formen. Für völlig unregelmäßige Verben, die keiner Konjugationsklasse angehören, ist auch keine Klasse angegeben.*

● **Deponentien** *werden als solche mit ihrer Verbklasse gekennzeichnet. Deponentien sind Verben mit passiven Formen. Sie haben aktive bzw. reflexive Bedeutung; deshalb benötigen sie oft kein zusätzliches Reflexivpronomen, z. B.* **verērī** *„sich fürchten".*

●**Semideponentien** *besitzen im Präsensstamm aktive Formen, weisen aber passive Formen im Perfektstamm auf.*

Substantive

●*Die* **Zahl in eckigen Klammern** *gibt die Deklinationsklasse an, z. B. wird* **mālum [2]** *nach der 2. Deklination (der o-Deklination) (regelmäßig) gebeugt, und ist natürlich „neutrum", abgekürzt „(n)".*

●*Bei* **unregelmäßigen Substantivstämmen und/oder -endungen** *werden mit dem senkrechten Strich die Endungen angehängt, die in eckigen Klammern stehen, z. B.* **vesp|er [3, -erī] (m)**. *Bei Substantiven ist dies immer die Endung im 2. Fall (Genitiv) Singular;* **vesperī** *ist also das im 2. Fall Singular gebeugte Wort. Wenn das Wort jedoch im Plural steht, wird in eckigen Klammern der 2. Fall (Genitiv) Plural angegeben, z. B.* **dēlici|ae [-ārum] (f pl)**. *Steht kein*

senkrechter Strich, wird die Endung an das ganze Wort angehängt.

●*Das* **Genus des Sustantivs** *fehlt bei der 1. und 2. Deklination (a- und o-Deklination), da dies aus der Endung eindeutig hervorgeht und steht in runden Klammern bei allen anderen Deklinationen, z. B.* **(f), (m), (n)**.

Adjektive

●*Die* **Adjektive** *werden nicht mit einer Deklinationsklasse gekennzeichnet, da man an der Endung erkennen kann, wie sie dekliniert werden müssen.* **Unregelmäßige Genitive bei Adjektiven der konsonantischen Deklination** *werden in eckigen Klammern angegeben:* **omn|is [-is]**. *Auch hier gibt der senkrechte Strich die Stelle an, an der die in eckigen Klammern angegebene Endung angehängt werden muss.*

●**Adjektive**, *die* **in Zusammensetzungen mit einem Substantiv** *stehen, werden bei einer Beugung (z. B. als Satzteil in einem Satz)*

wie das zugehörige Substantiv nach der KNG-Regel (Kasus/Numerus/ Genus) gebeugt.

Präpositionen

●*werden mit dem erforderlichen Kasus angegeben, und zwar in runden Klammern, z. B.* **(+4)**. *Hier ist also der 4. Fall (Akkusativ) gefordert.*

Abkürzungen

Adj	*Adjektiv*
Adv	*Adverb*
Dep	*Deponens*
f	*femininum*
intrans	*intransitiv*
jdm	*jemandem*
jdn	*jemanden*
Kj	*Konjunktion*
Konj	*Konjunktiv*
Kons.	*Konsonant*
m	*maskulinum*
n	*neutrum*
pl	*Plural*
Präp	*Präposition*
Pron	*Pronomen*
reflex	*reflexiv*
Semidep	*Semideponens*
sg	*Singular*
trans	*transitiv*
unpers	*unpersönlicher Ausdruck*
Verb def	*verbum defectivum*
Vok.	*Vokal*

A

Abend vesp|er [2, -erī] (m)

Abendessen vesperna cēna [1]

aber, sondern sed (Kj)

abfahren ā|vehere [3, -vehō, -vēxī, -vectum]

Abfall pūrgāmentum [2]

abfliegen āvolāre [1]

abreisen pro|ficīscī [3, -ficīscor, -fectus sum] (Dep)

abschleppen remulcāre [1]

Abzweigung (Kreuzung) dēverticulum [2]

Acht: sich in ~ nehmen (vor) cavēre [2, caveō, cāvī, cautum] (+4)

Acker (Feld) ag|er [2, -rī] (m)

Adresse īnscripti|ō [3, -ōnis] (f) cursuāl|is [-is]

Advent advent|us [4, -ūs] (m) sacer Dominī

aggressiv īnfēnsus

Alkohol alcohōl [3, -is] (n)

allein (Adj) sōlus

alleinstehend sōlitārius

Allergie allergia [1]

allergisch allergicus

alles omn|is [-is] (Adj)

allmählich paulātim (Adv)

als (Vergleich) quam (Kj)

als (zeitl.) cum (Kj + Konj)

also (daher, folglich) igitur (Kj)

alt (nicht jung) vet|us [-eris]

alt (nicht neu) dētrītus, vetustus

Alte (alte Frau) an|us [4, -ūs] (f)

Alter (alter Mann) sen|ex [3, -is] (m)

Alter (Lebens-) aetā|s [3, -tis] (f)

Altertum antīquitā|s [3, -tis] (f)

altmodisch obsolētus

Altstadt urbis regi|ō [3, -ōnis] (f) vet|us [-eris]

am Vormittag ante merīdiem

Ambulanz (Kranken-wagen) vehiculum [2] īnfirmīs excipiendīs

Ampel sēmaphorum [2]

Amt magistrāt|us [4, -ūs] (m)

an (zu, bei) ad (Präp +4)

Andenken rēs [5, rēī] (f) memoriāl|is [-is]

anfangen in|cipere [3, -cipiō, -cēpī, -ceptum]

Angestellte fūnctiōnāria [1]

Angestellter fūnctiōnārius [2]

Angst met|us [4, -ūs] (m), tim|or [3, -ōris] (m)

anhalten sistere [3, sistō, stetī, statum]

ankommen ad|venīre [4, -veniō, -vēnī, -ventum]

Ankunft advent|us [4, -ūs] (m)

Ankunftszeit hōra [1] adventūs

Anrufbeantworter māchina [1] tēlephōnica automatāria

Ansichtskarte chartula [1] variāta

ansprechen (nennen) appellāre [1]

Antibabypille pilula [1] anticonceptīva

Antibiotikum antibiōticum [2]

Antwort respōnsum [2]

antworten respond|ēre [2, -eō, -ī, respōnsum]

Apfel mālum [2]

Apfelsine mālum [2] Sīnicum

Apotheke taberna [1] medicāmentāria

April Aprīl|is [3, -is] (m)

arbeiten labōrāre [1]

Arbeiter operārius [2]

Arbeiterin operāria [1]

arbeitslos sine opere

arm pauper [-is]

Arm bracchium [2]

Armbanduhr hōrologium [2] brachiāle

Art (Aussehen) speci|ēs [5, -ēī] (f)

Arzt medicus [2]

Ärztin medica [1]

auch etiam (Adv)

auf (örtl.) in (Präp +5)

auf welche Weise? (wie?) quōmodo?

Auf Wiedersehen! Bene / optimē valē!, Valē! (Sg), valēte! (Pl)

aufbewahren reservāre [1]

aufdecken (enthüllen) dē|tegere [3, -tegō, -tēxī, -tēctum]

aufdecken (öffnen) aper|īre [4, -iō, -uī, -tum]

Aufenthalt mānsi|ō [3, -ōnis] (f)

aufgeklärt cultus

aufhören dē|sistere [3, -sistō, -stitī, -stitum]

aufstehen (aus dem Bett) sur|gere [3, -gō, -rēxī, -rēctum] (ē lectō)

Auftraggeber ergōlābus [2]

aufwachen exper|gīscī [3, -gīscor, -rēctus sum] (Dep)

Auge oculus [2]

August Augustus [2]

aus ē (nur vor Kons.), ex (vor Kons. + Vok.) (Präp +5)

Ausfuhr exportāti|ō [3, -ōnis] (f)

Ausgang (Ende) fīn|is [3, -is] (m)

Ausgang (Stelle) exit|us [4, -ūs] (m)

ausgezeichnet ēgregius, eximius

Auskunft īnfōrmātiōn|ēs [3, -um] (f pl)

Ausland terrae [1] (f pl) exterae

Ausländer peregrīnus [2]

Ausländer (pl) extrāne|ī [2, -ōrum] (m pl)

Ausländerin peregrīna [1] (f)

ausländisch peregrīnus, aliēnus

Ausreise ēgress|us [4, -ūs] (m)

Aussehen (Art) speci|ēs [5, -ēī] (f)

außerdem etiam (Kj)

Äußeres (Gestalt, Gesicht) faci|ēs [5, -ēī] (f)

Aussprache (der Buchstaben) appellāti|ō [3, -ōnis] (f) litterārum

Aussprache (klärendes Gespräch) colloquium [2]

ausstatten (versehen mit) af|ficere [5 -ficiō, -fēcī, -fectum] (+5)

aussteigen (aus dem Geschäft) sē re|cipere [5, -cipiō, -cēpī, -ceptum] (in ōtium)

aussteigen (aus dem Wagen) dē|scendere [3, -scendō, -scendī, -scēnsum] (dē currū)

Ausstellung expositi|ō [3, -ōnis] (f)

Ausweis testimōnium [2] fideī, lēgitimāti|ō [3, -ōnis] (f)

ausziehen, sich (Kleider) sē ex|uere [3, -uō, -uī, -ūtum] (vestibus)

Auto autoraeda [1]

Auto fahren autoraedam dūcere [3, dūcō, dūxī, ductum]

Autobahn strāta [1] autocīnētica

Autowerkstatt officīna [1] vehiculīs sarciendīs

B

Baby īnf|āns [3, -antis] (m+f), pūpa [1]

backen coquere [3, coquō, coxī, coctum]

Bäcker pist|or [3, -ōris] (m)

Badeanzug vest|is [3, -is] (f) balneār|is [-is]

Badehose sublig|ar [3, -āris] (n) balneāre

baden (schwimmen) natāre [1]

Badezimmer (auch: das Baden) balneum [2], lavācrum [2]

Bahnhof stati|ō [3, -ōnis] (f) ferriviāria

Bahnsteig crepid|ō [3, -inis] (f)

bald mox [Adv]

Bank (Geld) argentāria [1]

Bank (Sitz-) subsellium [2]

Bank (Spiel-) arca [1] āleātōria

Bankkonto computus [2] mēnsārius

bar numerātus

Bar thermopōlium [2]

Bargeld pecūnia [1] praes|ēns [-entis]

Batterie accumulātōrium [2]

Bauch, Unterleib vent|er [3, -ris] (m), alvus [2] (f)

bauen aedificāre [1]

Baum arb|or [3, -ōris] (f)

Beamter/-in officiāl|is [3, -is] (m+f)

beeilen, sich festīnāre [1]

beenden fi|nīre [4, -niō, -nivī, -nītum], cōn|ficere [5, -ficiō, -fēcī, -fectum]

begleiten comitāre [1]

begrüßen salūtāre [1]

behandeln (Krankheit) cūrāre [1]

Behörde magistrāt|us [4, -ūs] (m)

bei (in der Nähe) apud (Präp +4)

bei (zu, an) ad (Präp +4)

Bein (a. Unterschenkel) crū|s [3, -ris] (n)

beinhalten con|tinēre [2, -tineō, -tinuī, -tentum]

Beispiel exemplum [2]

bejahrt (alt) vet|us [-eris]

bekannt nōtus

bekannt machen, jdn. (mit jdm.) dēd|ūcere [3, -dūcō, -dūxī, -ductum] aliquem (ad (+4))

bekannt machen, sich (mit jdm.) sē oste|ndere [3, -ndō, -ndī, -ntum] (+3)

beleidigen of|fendere [3, -fendō, -fendī, -fēnsum]

benachrichtigen nūntiāre [1]

Benzin benzīnum [2]

Berg mōns [3, montis] (m)

berichten re|ferre [-ferō, -ttulī, -lātum]

Beruf professi|ō [3, -ōnis] (f)

berufsmäßig ex professō

berühmt celeb|er (m) / -ris (f) / -re (n) [-ris]

Bescheid geben respond|ēre [2, -eō, -ī, respōnsum]

beschweren, sich (über) que|rī [3, -ror, -stus sum] (+4) (Dep)

besetzen occupāre [1]

besetzt occupātus

besichtigen īn|spicere [5, -spiciō, -spexī, -spectum]

Besitzer possess|or [3, -ōris] (m)

besprechen, sich collo|quī [3, -quor, -cūtus sum]

besser (Adj) meli|or (m+f)/meli|us (n) [-ōris] (Adj)

besser (Adv) melius (Adv)

bestellen mandāre [1]

Bestellung mandātum [2]

bestrafen multāre [1], pūn|īre [4, -iō, -ivī, -ītum]

Besuch hosp|es [3, -itis] (m+f)

besuchen vīsitāre [1]

Besucher frequentāt|or [3, -ōris] (m)

beten ōrāre [1]

betrachten spectāre [1]

betrügen fraudāre [1]

betrunken ēbrius

Bett lectus [2]

Bettbezug cooperīmentum [2]

bevor priusquam (Kj)

bewachen (überwachen) cūstōd|īre [4, -iō, -ivī, -ītum]

Beweis indicium [2]

bezahlen sol|vere [3, -vō, -vī, -ūtum]

biegen fle|ctere [3, -ctō, -xī, -xum]

Bier cervēsia [1]

Bikini vesticula [1] balneāris Bikiniāna

Bild imāg|ō [3, -inis] (f)

billig vīl|is [-is]

Binde fasciola [1]

Birne pirum [2]

bis ūsque (Präp +4)

bisschen paululum (Adv)

bissig mord|āx [-ācis]

Bitte rogāti|ō [3, -ōnis] (f)

Bitte! Quaesō!

bitten rogāre [1]

Blatt (Papier, Buchseite) pāgina [1]

Blatt (Pflanzen) folium [2]

blau caeruleus

bleiben manēre [2, maneō, mānsi, mānsum]

Bleistift stilus [2] plumbeus

Blume flōs|is [3, -ris] (m)

Blut sangui|s [3, -nis] (m)

Boot nāvicula [1]

böse (schlecht) malus

Botschaft (eines Landes) lēgāti sēd|ēs [3, -is] (f)

Brand incendium [2]

Brauch (Sitte) cōnsuētūd|ō [3, -inis] (f)

brauchen (Mangel haben) indig|ēre [2, -eō, -uī]

braun fuscus

breit lātus

Breite (Größe, Umfang) lātitūd|ō [3, -inis] (f)

brennen (intrans.) ār|dēre [2 -deō, -sī, -sūrum]

Brief (privater) epistula [1], litterae [1] (f pl)

Briefmarke pittacium [2] cursuāle

Briefumschlag litterārum involūcrum [2]

Brille vitra [2] (n pl) oculāria

bringen (her-) apportāre [1]

Brot pān|is [3, -is] (m)

Brücke pōns [3, pontis] (m)

Bruder frā|ter [3, -tris] (m)

Brust (Brustkorb) pect|us [3, -oris] (n)

Brust (weibl.) mamma [1]

Brustkorb thōrā|x [3, -cis] (m)

Buch lib|er [2, -rī] (m)

buchen in cōdicem re|ferre [-ferō, -ttulī, -lātum]

Buchstabe littera [1]

Bundesrepublik Deutschland Germānia [1] Cōnfoederāta

bunt varius

Burg castellum [2]

Bürger cīv|is [3, -is] (m+f)

bürgerlich cīvīl|is [-is]

Büro officium [2] scriptōrium

bürokratisch graphēocraticus

Bus autoraeda [1] longa

Bushaltestelle stati|ō [3, -ōnis] (f) autoraedārum longārum

Bußgeld poena [1]

Butter būtȳrum [2]

C

campen in tentōriō commorārī [1] (Dep)

Campingplatz campus [2] tentōrius

Chef praefectus [2]

Christ Chrīstiānus

clever callidus

Computer computātrum [2]

Cousin cōnsobrīnus [2]

Cousine cōnsobrīna [1]

D

da (dort) ibi (Adv)

da!, sieh da! ecce! (Adv)

dabei sein inter|esse [-sum, -fuī]

Dach tēctum [2]

Wörterliste Deutsch – Modernes Latein

daher (also, folglich) igitur (Kj)

Dame (auch als Anrede) domina [1]

damit ut (Kj + Konj)

danach deinde (Adv)

Dank: Vielen ~! Multās grātiās!

Danke! Grātiās!

danken (jdm.) (für) grātiās agere [3, agō, ēgī, āctum] (alicui) (prō +5)

dann tum (Adv)

darum itaque (Kj)

das (welches) quod (n) (Rel)

dass ut (Kj + Konj)

Datum diēs [5, diēī] (f), datum [2]

dauern dūrāre [1]

Decke (Bett) opertōrium [2]

denken cōgitāre [1]

Denkmal monumentum [2]

der (welcher) quī (m) (Rel)

deshalb itaque (Kj), proptereā (Adv)

Dessert mēnsa [1] secunda

deutsch (Adj) Germānicus, Theodiscus

Deutsche (f) Germānica [1], Theodisca [1]

deutsche Botschaft lēgātī Germānī sēd|ēs [3, -is] (f)

Deutscher (m) Germānicus [2], Theodiscus [2]

Deutschland Germānia [1]

Dezember Decem|ber [3, -bris] (m)

Dialekt dialectus [2]

Diät diaeta [1]

Dichter poēta [1] (m)

dick (fett) pingu|is [-is]

die (welche) quae (f) (Rel)

Dieb fūr [3, -is] (m)

Diebstahl fūrtum [2]

Dienstag Mārtis di|ēs [5, -ēī] (m)

diese (Sg) haec (f)

diese Woche haec septimāna

dieser hic (m)

dieses hoc (n)

Ding (Sache) rēs [5, reī] (f)

Dokument(e) documen-tum [2]

Dolmetscher interpre|s [3, -tis] (m+f)

Donnerstag Iōvis di|ēs [5, -ēī] (m)

Dorf vīcus [2]

dort ibi (Adv)

dorthin eō (Adv)

dreckig lutulentus

drehen (rollen, winden) vol|vere [3, -vō, -vī, -ūtum]

dringend urg|ēns [-entis]

dumm stultus, stupidus

dunkel obscūrus, tenebricus

dünn tenu|is [-is]

durch (hindurch) per (Präp +4)

Durchfall prōfluvium [2]

dürfen (es ist erlaubt) lic|et [-uit, -itum est] (unpers.) (+3)

Durst sit|is [3, -is] (f)

Durst (haben) sit|īre [4, -iō]

Dusche lavāti|ō [3, -ōnis] (f) pluvia

E

echt vērus

Ehefrau domina [1]

Ehefrau ux|or [3, -ōris] (f)

ehelos (nur f. Männer) cael|ebs [-ibis]

Ehemann marītus [2]

Eigentum proprium [2]

eilen (streben, verlangen) pet|ere [3, -ō, -īvī, -ītum]

ein (einer, eins) ūnus [ūnīus]

einander inter sē (Präp + Pron)

Einbruch irrupti|ō [3, -ōnis] (f)

einfach simpl|ex [-icis]

Einfuhr invecti|ō [3, -ōnis] (f)

Eingang introit|us [4, -ūs] (m)

einige nōnnūlli (m pl), -ae (f pl), -a (n pl)

einladen invītāre [1]

Einladung invītāti|ō [3, -ōnis] (f)

einmal semel (Adv)

einsam (allein) sōlitārius

einsteigen īns|cendere [3, -scendō, -scendī, -scēnsum]

eintreten (hineingehen) intrāre [1]

einverstanden sein (mit) as|sentīrī [4, -sentior, -sēnsus sum] (Dep) (+3)

Einwohner incola [1] (m+f)

Eis (gefrorenes Wasser) glaci|ēs [5, -ēī] (f)

Eiscreme glaci|ēs [5, -ēī] (f) cdibilic

Eisenbahn via [1] ferrāta, ferrivia [1]

elend (unglücklich) miser

Eltern parent|ēs [3, -um] (m pl)

Ende fīn|is [3, -is] (m)

eng angustus

England Anglia [1], Britannia [1]

Engländer Anglius [2], Britannus [2]

Engländerin Anglia[1], Britanna [1]

englisch Anglicus, Britann(ic)us

entfernt sein distāre [1]

entscheiden (sich) dē|cernere [3, -cernō, -crēvī, -crētum]

entschuldigen (sich) (sē) excūsāre [1]

erbrechen (sich) vom|ere [3, -ō, -uī, -itum]

Erde terra [1]

Ereignis ēvent|us [4, -ūs] (m)

Erfolg success|us [4, -ūs] (m)

erfrischen (sē) recreāre [1]

erhalten cōnservāre [1]

erheitern (erfreuen) iuvāre [1]

erholen, sich sē recreāre [1]

erinnern, sich (an) meminisse [meminī] (+2) (verb def), reminīsc|ī [3, -or] (+2) (Dep)

erkältet sein perfri|gēscere [3, -gēscō, -xī]

Erkältung perfrīcti|ō [3, -ōnis] (f)

erklären explicāre [1]

erlauben per|mittere [3, -mittō, -mīsī, -missum]

Erlaubnis permissi|ō [3, -ōnis] (f)

erlaubt: es ist ~ (jdm.) lic|et [-uit, -itum est] (unpers.) (+3)

Ermäßigung dēminūti|ō [3, -ōnis] (f)

erneuern (wiederherstellen) renovāre [1]

erörtern (diskutieren) disputāre [1]

erschöpft (müde) fatīgātus

erste Hilfe auxilium [2] prīmum

erzählen nārrāre [1]

Erzähler nārrāt|or [3, -ōris] (m)

Erzählung nārrāti|ō [3, -ōnis] (f)

essen edere [3, edō, ēdī, ēsum]

Essen ferculum [2]

Etage tabulātum [2]

etwa ferē (Adv)

etwas aliquid (Pron), paulum (Adv)

F

Fabrik fabrica [1]

Faden filum [2]

Fähre pont|ō [3, -ōnis] (m)

fahren vehere [3, vehō, vēxī, vectum]

Fahrkarte tessera [1] vectōria

Fahrplan hōrārum tabula [1]

Fahrpreis pretium [2] itineris

Fahrrad birota [1]

Fahrzeug vehiculum [2], autocīnētum [2]

Fall (auch: Unfall) cās|us [4, -ūs] (m)

falsch falsus

Familie familia [1]

Familienname nōm|en [3, -inis] (n) gentīle

Farbe col|or [3, -ōris] (m)

Farbfilm pellicula [1] multicolōria

faul (Obst) pūtidus

faul (träge) īgnāvus, piger

Februar Februārius [2]

fehlen (abwesend sein) abesse [absum, āfuī]

fehlen (nicht anwesend sein) dē|esse [-sum, -fuī]

Fehler (Defekt) dēfect|us [4, -ūs] (m)

Fehler (Schreib-, Rechen-) mendum [2]

Feier fēstum [2]

feiern celebrāre [1]

Feiertag diēs [5, diēī] (m) fēstus

Feld (Acker) ag|er [2, -rī] (m)

Fenster fenestra [1]

Ferien fēri|ae [1, -ārum] (f pl)

fern remōtus

Fernsehen tēlevīsi|ō [3, -ōnis] (f)

Fernsehgerät īnstrūmentum [2] tēlevīsificum

fertig parātus

Fest fēstum [2]

fest firmus

feststehen cōnst|āre [1, -ō, -itī]

fett (dick, feist) pinguis

feucht madidus

Feuer īgn|is [3, -is] (m)

Fieber febr|is [3, -is] (f)

Film (Foto) pellicula [1] phōtographica

Film (Kino) pellicula [1] cīnēmatographica, taeniola [1]

Filmkamera māchina [1] cīnēmatographica

finden in|venīre [4, -veniō, -vēnī, -ventum]

Finger digitus [2]

finster, dunkel tenebrōsus

Fisch pisc|is [3, -is] (m)

Flasche lagoena [1]

Fleisch car|ō [3, -nis] (f)

fleißig industrius

Fliege musca [1]

fliegen volāre [1]

Flucht fuga [1]

Flughafen āëroport|us [4, -ūs] (m)

Flugticket tessera [1] āëronautica

Flugzeug āëronāv|is [3, -is] (f), āëroplanum [2]

Fluss fluvius [2]

folglich (also, daher) igitur (Kj)

Folklore mōr|ēs [3, -um] (m pl) genticī

fortführen (fortsetzen) continuāre [1]

fortgehen dī|gredī [5, -dior, -ssus sum]

Foto imāg|ō [3, -inis] (f) phōtographica

Fotoapparat māchina [1] phōtographica

Fotografie imāg|ō [3, -inis] (f) phōtographica

fotografieren phōtographāre [1]

Frage quaesti|ō [3, -ōnis] (f)

fragen (suchen) (jdn.) quae|rere [3, -rō, -sīvī, -sītum] (+4)

Frau fēmina [1], muli|er [3, -eris] (f)

Fräulein dominula [1]

frei līber

Freiheit lībert|ās [3, -ātis] (f)

Freitag Veneris di|ēs [5, -ēī] (m)

fremd (ausländisch) aliēnus

Freude gaudium [2]

freuen, sich gaudēre [gaudeō, gāvīsus sum] (semidep)

Freund amīcus [2]

Freundin amīca [1]

freundlich cōm|is [-is], benīgnus

Freundschaft amīcitia [1]

Frieden pāx [3, pācis] (f)

frieren frīgēre [2, frigeō]

frisch (Obst) rec|ēns [-entis]

Frohe Ostern! Laetum diēm paschālem (tibī/vōbīs precor)!

fröhlich laetus

Frucht frūct|us [4, -ūs] (m)

Fruchtsaft sūcus [2] frūctuārius

früh mātūrus

Frühling vēr [3 vēris] (n)

Frühstück ientāculum [2]

frühstücken prandēre [2, prandeō, prandī, prānsum]

fühlen (empfinden) sen|tīre [4, -tiō, sēnsī, sēnsum]

fühlen, sich val|ēre [2, -eō, -uī]

führen (an-, leiten) dū|cere [3, -cō, -xī, ductum]

Führung ducāt|us [4, -ūs] (m)

für prō (Präp +5)

fürchten, sich (vor) tim|ēre [2, -eō, -uī] (+ 4) (trans/reflex)

Fuß pēs [3, pedis] (m)

Fuß: zu ~ gehen pedibus īre [eō, iī, itum]

Fußball pedifoll|is [3, -is] (m)

Fußballspiel pedifollium [2]

G

Gabel fuscinula [1]

ganz (Adj) tōtus

Garten hortus [2]

Gas gāsum [2]

Gasse angiportum [2]

Gast convīva [1] (m)

Gastfreundschaft hospitium [2]

Gastgeber convīvāt|or [3, -ōris] (m)

Gaststätte caupōna [1], taberna [1] dēversōria

Gebäck crūstum [2]

Gebäude aedificium [2]

geben dare [1, dō, dedī, datum]

Gebirge mont|ēs [3, -ium] (m pl)

Gebühr impēns|ae [1, -ārum] (f pl)

Geburt part|us [4, -ūs] (m), gen|us [3, -eris] (n)

Geburtstag diēs [5, diēī] (m) nātāl|is [-is]

Gefahr perīculum [2]

gefährlich perīculōsus

gefallen (gefällig sein) (jdm.) plac|ēre [2, -eō, -uī, -itus] (+3)

Gefängnis carc|er [3, -eris] (m)

Gefäß vās [3, vāsis] (n)

Gefühl sēns|us [4, -ūs] (m)

gegen (etw./jdn.) contrā (Präp +4)

Gegend regi|ō [3, -ōnis] (f)

gegenüber contrā (Adv)

gehen īre [eō, iī, itum]

Geist (Seele) animus [2]

gelangen (ankommen) per|venīre [4, -veniō, -vēnī, -ventum]

gelb flāvus

Geld pecūnia [1]

Gemüse (h)ol|us [3, oris] (n)

gemütlich placidus

genau dīlig|ēns [-entis]

genug (recht, sehr) satis (Adv)

Gepäck sarcinae [1] (f pl)

geradeaus dīrēctē (Adv)

gern (mit Vergnügen) libenter (Adv)

Gerücht (Ruf) fāma [1]

Gesäß nat|ēs [3, -ium] (f pl)

Geschäft (Handel)
negōtium [2],
commercium [2]
Geschäft (Laden) taberna
[1]
Geschäft (Tätigkeit)
negōtium [2]
Geschenk dōnum [2]
Geschichte (Ereignisse)
rēs [5, rērum] (f pl)
gestae
Geschichte (Erzählung)
fābula [1]
**Geschichte (Wissen-
schaft)** historia [1]
geschlossen clausus
Gesellschaft societ|ās
[3, -ātis] (f)
Gesetz lēx [3, lēgis] (f)
Gesicht faci|ēs [5, -ēī] (f)
Gespräch colloquium [2]
gestern herī (Adv)
gesund sānus
gesund sein va|lēre [2,
-eō, -uī]
Gesundheit sānit|ās [3,
-ātis] (f)
Getränk pōtulentum [2]
Gewicht (Schwere)
pond|us [3, -eris] (n)
Gewitter tempestā|s [3,
-tis] (f)
gewöhnen, sich (an)
as|suēscere [3, -suēscō,
-suēvī, suētum] (+5)
Gewürz condīmentum [2]

Gift venēnum [2]
Glas (Material) vitrum [2]
Glas (Trink-) pōculum [2]
glatt (schlüpfrig) lūbricus
Glaube fid|ēs [5, -eī] (f)
glauben crē|dere [3, -dō,
-didī, -ditum]
Glück fortūna [1]
glücklich fēlī|x [-cis]
Gold aurum [2]
Gott Deus [2]
Gramm grammum [2]
Grammatik lib|er [2, -rī]
(m) grammaticus
Gras grām|en [3, -inis] (n)
gratulieren (jdm.)
grātul|ārī [1, -or, -ātus
sum] (Dep) (+3)
grau cānus
Grenze fīn|is [3, -is] (m)
Grippe grippa [1]
groß māgnus
Größe (Breite, Umfang)
lātitūd|ō [3, -inis] (f)
Größe (Kleidung u. ä.)
norma [1] vestiāria
Größe (mathemat.)
quantit|ās [3, -ātis] (f)
**Größe (numerisch +
räuml.)** māgnitūd|ō
[3, -inis] (f)
Großmutter avia [1]
Großvater avus [2]
grün viridis
Gruppe grex [3, gregis] (m)

Gruß salūtāti|ō [3, -ōnis]
(f)
grüßen (begrüßen)
salūtāre [1]
gültig (bis) validus ūsque
(Präp +4)
gültig (rechtskräftig)
ratus
gut bonus
Gymnasium lycēum [2],
gymnasium [2]

H

Haar (einzelnes) pilus
[2], capillus [2]
Haare (Haupthaar) capilli
[2] (m pl)
haben (besitzen) hab|ēre
[2, -eō, -uī, -itum]
Hafen port|us [4, -ūs] (m)
Hälfte dīmidium [2]
Hallo! Heus!
Hals collum [2]
halten sub|sistere [3,
-sistō, -stitī]
Haltestelle stati|ō [3,
-ōnis] (f) vehiculōrum
Hand man|us [4, -ūs] (f)
Handel mercātūra [1]
Handtuch mantēlium [2]
hart dūrus
hauchen (ausatmen)
aspīrāre [1]
Hauptspeise cēna [1]
Haus dom|us [4, -ūs] (f)

Hausfrau domina [1]
heben tollere [3, tollō, sustulī, sublātum]
heilig sānctus [1]
heiraten (Frau einen Mann) nū|bere [3, -bō, -psī, -pta] (+3)
heiraten (in die Ehe führen) (Mann eine Frau) in mātrimōnium dūcere [3, dūcō, dūxī, ductum] (+4)
heiß aestuōsus
hektisch hecticus
helfen (jdm.) sub|venīre [4, -veniō, -vēnī, -ventum] (+3)
hell clārus, lūcidus
heran-/herbeiführen ad|dūcere [3, -dūcō, -dūxī, -ductum]
herbeirufen advocāre [1], arcess|ere [3, -ō, -īvī, -ītum]
Herbst autumnus [2]
Herr dominus [2]
Herrin domina [1]
hervorragend excellenter (Adv)
Herz cor [3, -dis] (n)
herzlich benīgnus
heute hodiē (Adv)
heute Abend hodiē vesperī
heute Nachmittag hodiē post merīdiem
hier hīc (Adv)

Hilfe auxilium [2]
Hilfe! Auxiliō!, Adiuvāte!
Himmel caelum [2]
hinausgehen, aussteigen ēgre|dī [3, -dior, -ssus sum]
hinten ā tergō
hinter post (Präp +4)
hoch, tief altus
Hochzeit nuptiae [1] (f pl)
hoffen spērāre [1]
Hoffnung spēs [5, speī] (f)
höflich cōm|is [-is], urbānus
Höhe (a. Tiefe) altitūd|ō [3, -inis] (f)
Holz līgnum [2]
hören aud|īre [4, -iō, -īvī, -ītum]
Hose brāc|ae [1, -ārum] (f pl)
Hotel dēversōrium [2], hospitium [2]
Hund/Hündin can|is [3, -is] (m+f)
Hunger ēsuri|ēs [5, -ēī] (f)
hungern, Hunger haben ēsur|īre [4, -iō]
hüten, sich (in Acht nehmen) (vor) ca|vēre [2, -veō, cāvī, cautum] (+4)
Hygiene ar|s [3, -tis] (f) hygiēnica

immer semper (Adv)
impfen vaccīnum in|icere [5, -iciō, -iēcī, -iectum]
in (örtl.) in (Präp +5)
in (zeitl.) in (Präp +4)
Industrie industria [1] quaestuōsa
Information īnfōrmāti|ō [3, -ōnis] (f)
informieren (sich/andere) certiōrem facere [5, faciō, fēcī, factum] (+4)
Insekt īnsectum [2]
Insel īnsula [2]
insgesamt, überhaupt omnīnō (Adv)
interessant (Eifer/Interesse erregend) studia excit|āns [-antis]
interessieren, sich (für) stud|ēre [2, -eō, -uī] (+3)
international internātiōnāl|is [-is]
irgendeine/-r ali|quis (m), -qua (f), -quid (n) (Pron)
irgendetwas aliquid (Pron)

ja (gewiss) certē (Adv)
Jäger vēnāt|or [3, -ōris] (m)
Jahr annus [2]

Jahreszeit card|ō [3, -inis] (m) tempōrum
Jahrhundert (Zeitalter) saeculum [2]
jährlich quotannīs (Adv)
Januar lānuārius [2]
jeder quisque
jedesmal semper (Adv)
jemand aliquis
jener ille
jetzt nunc (Adv)
jetzt noch etiam (Adv)
Juli Iūlius [2]
Junge puer [2, -ī] (m)
Junggeselle cael|ebs [3, -ibis] (m)
Juni Iūnius [2]

K

Kaffee cafea [1] (Arabica)
Kalb vitula [1]
kalt frīgidus
Kamm pect|en [3, -inis] (m)
kaputt dēlētus
Karte chartula [1]
Kasse (allg.) arca [1]
Kasse (Kino-/Theater-) ōstiolum [2] tesserārium
Katholik catholicus
kaufen emere [3, emō, ēmī, ēmptum]
kennen (kennen lernen) nōscere [3, nōscō, nōvī, nōtum]

kennen lernen, wissen cōg|nōscere [3, -nōscō, -nōvī, -nitum]
Kilo chīliogrammum [2]
Kilometer chīliometrum [2]
Kinder līber|ī [3, -ōrum] (m pl)
Kino cīnēmatographēum [2]
Kirche ecclēsia [1]
Kirsche cerasum [2]
Kleid vest|is [3, -is] (f) muliebris
Kleidung vest|is [3, -is] (f)
klein parvus
Kleinkind/Kind īnf|āns [3, -antis] (m+f)
Klosett sēcess|us [4, -ūs] (m)
Kloster monastērium [2]
klug prūd|ēns [-entis]
Kneipe caupōna [1]
Knochen os [3, ossis] (n)
Knochenbruch frāctūra [1]
kochen co|quere [3, -quō, -xī, -ctum]
Koffer sarcina [1]
Koma cōma [3, -tis] (n)
kommen ven|īre [4, -io, vēnī, -tum]
kompliziert intrīcātus
können posse [possum, potuī]
Konsulat aed|ēs [3, -is] (f) cīvium prōcūrātōris

Kontrolle īnspecti|ō [3, -ōnis] (f)
kontrollieren recōg|nōscere [3, -nōscō, -nōvī, -nitum]
Konzert concent|us [4, -ūs] (m) mūsicus
Kopf cap|ut [3, -itis] (n)
kosten (Preis) cōnst|āre [1, -ō, -itī] (+5)
kosten (probieren) dēgu-stāre [1] (+4)
kostenlos grātuītus
kräftig sein val|ēre [2, -eō, -uī]
kräftigen recreāre [1]
kraftlos, schlaff īgnāvus
krank aeger
krank (schwach) īnfirmus
Krankenhaus clīnicum [2], valētūdinārium [2]
Krankenschwester īnfirmāria [1], aegrōrum ministra [1]
Krankenversicherung assēcūrāti|ō [3, -ōnis] (f) aegrōtōrum
Krankenwagen curr|us [4, -ūs] (m) valētūdinārius
Krankheit morbus [2]
Kräuter herbae [1] (f pl)
Kreuzung quadrivium [2]
Kuchen placenta [1]
Kugelschreiber stilus [2] sphaerātus
kühl frīgidus

Kühlschrank frīgidārium [2]

Kunst ar|s [3, -tis] (f)

Künstler/-in artif|ex [3, -icis] (m+f)

kurz brevis

Kuss ōsculum [2]

küssen ōscul|āri [1, -or] (Dep)

L

lächeln subrīd|ēre [2, -eō]

lachen (über etw.) rī|dēre [2, -deō, -sī, -sum] (+4)

lächerlich rīdiculus

Laden taberna [1] (vēnālicia)

Lage (geogr.) sıt|us [4, -ūs] (m)

Laken lōd|ıx [3, -īcis] (f)

Lampe lampa|s [3, -dis] (f) ēlectrica

Land terra [1], cīvitā|s [3, -tis] (f)

Land (nicht Stadt) rūs [3, rūris] (n)

Landkarte tabula [1] geōgraphica

Landschaft regi|ō [3, -ōnis] (f)

Landwirtschaft rēs [5, reī] (f) rūstica, agricultūra [1]

lang (Entfernung) longus

lang (zeitl.) diūturnus

Länge longitūd|ō [3, -inis] (f) [+2]

langsam lentus, tardus

langweilig molestus

Lärm strepit|us [4, -ūs] (m)

lärmen, toben strep|ere [3, -ō, -uī, -itum]

Last (Gewicht) on|us [3, -eris] (n)

Lastwagen autocarrum [2], plaustrum [2]

lateinisch Latīnus

laufen (rennen) currere [3, currō, cucurrī, cursum]

laut (lärmend) stre|pēns [-pentis]

leben vī|vere [3, -vō, -xī]

Leben vīta [1]

Lebensmittel alimenta [2] (n pl)

Lebensmittelgeschäft taberna [1] alimentāria

ledig (Frau) nōn nūpta, innūpta

ledig (Mann) cael|ebs [-ibis]

leer vacuus

legen pōnere [3, pōnō, posuī, positum]

Lehrer magis|ter [2, -trī] (m)

Lehrerin magistra [1]

leicht (nicht schwer) levis

leihen (sich) mūtu|ārī [1, -or] (Dep)

leiten (an der Spitze stehen) prae|esse [-sum, -fuī] (+3)

lernen dı|scere [3, -scō, -dicī]

lesen legere [3, legō, lēgī, lēctum]

Leute populus [2]

Licht lūx [3, lūcis] (f)

lieb cārus

lieben amāre [1]

lieblich suāvis

Liebling dēlici|ae [1, -ārum] (f pl)

Lied carm|en [3, -inis] (n)

liegen iac|ēre [2, -eō, -uī]

links (ā) sinistrā

Loch forām|en [3, -inis] (n)

Löffel cochle|ar [3, -āris] (n)

Lohn (Gehalt) mercē|s [3, -dis] (f)

loslassen (verlieren) ā|mittere [3, -mittō, -mīsī, -missum]

lügen ment|īrī [4, -ior, -ītus sum] (Dep)

lustig laetus

M

machen facere [5, faciō, fēcī, factum]

Mädchen puella [1]

Magen stomachus [2]

Mai Māius [2]

malen pingere [3, pingō, pīnxī, pictum]

manchmal interdum (Adv)

Mann vir [2 -ī] (m)

Mantel pallium [2]

Markt forum [2]

März Mārtius [2]

Maß mēnsūra [1]

Medikament medicīna [1], medicām|en [3, -inis] (n)

Meer mar|e [3, -is] (n)

mehr magis (Adv)

Menge (Quantität) multitūd|ō [3, -inis] (f) (+2), cōpia [1] (+2)

Mensch hom|ō [3, -inis] (m)

menschlich hūmānus

merken, sich memoriae mandāre [1]

Messer cult|er [2, -trī] (m)

Meter metrum [2]

mieten con|dūcere [3, -dūcō, -dūxī, -ductum]

Milch lac [3, lactis] (n)

Mineralwasser aqua [1] minerālis

Minute minūta [1]

mit cum (Präp +5)

Mittag merīdi|ēs [5, -ēī] (m)

Mittagessen prandium [2]

Mitternacht media nox [3, noctis] (f)

Mittwoch Mercūriī di|ēs [5, -ēī] (m)

Mode mōs [3, mōris] (m) recentissimus

möglich, es ist ~, dass ... fierī potest ut ... (+ Konj)

Monat mēns|is [3, -is] (m)

Montag Lūnae di|ēs [5, -ēī] (m)

Mord homicīdium [2]

morgen (am nächsten Tag) crās (Adv)

morgen Abend crās vesperī

morgen früh crās māne

Morgen, am ~ (morgens) māne [nur Nom/Akk/Abl Sg]

Motor mōtōrium [2]

müde (erschöpft) fatīgātus

Müll pūrgāmenta [1] (n pl)

Mund ōs [3, ōris] (n)

Museum mūsēum [2]

Musik mūsica [1]

Muskel mūsculus [2]

müssen (auch: schulden) dēb|ēre [2, -eō, -uī, -itum]

Mutter mā|ter [3, -tris] (f)

N

nach (Richtung) in (Präp +4), ad (Präp +4)

nach (Richtung/Zeit) post (Präp +4)

nach Hause domum (Adv)

nach links sinistrōrsum (Adv)

Nachbar vīcīnus [2]

Nachmittag temp|us [3, -oris] (n) postmerīdiānum

Nachricht nūntius [2]

nächste Woche proxima septimāna [1]

nächstes Mal proximō tempore

Nacht nox [3, noctis] (f)

nächtlich nocturnus

nackt nūdus

Nadel ac|us [4, -ūs] (f)

nah propinquus

Nähe, in der ~ (bei) apud (Präp +4)

Nahrung (Speise) cibus [2]

Name nōm|en [3, -inis] (n)

nämlich enim (Adv)

Nase nāsus [2]

nass (feucht) madidus

Nationalität nātiōnālitā|s [3, -tis] (f)

Natur nātūra [1]

natürlich (nicht künstl.) nātūrāl|is [-is]

Nebel nebula [1]

neben iūxtā (Präp +4)

nehmen sūm|ere [3, -ō, -psī, -ptum]

nein (als Antwort) nōn (Adv)

nennen (ansprechen) appellāre [1]

Nerv nervus [2]

neu novus
neugierig cūriōsus
Neujahr annus [2] novus
nicht nōn (Adv)
nicht einmal nōndum (Adv)
nicht wissen ne|scīre [4, -sciō, -scīvī, -scītum]
nichts nihil
niedrig humil|is [-is]
niemals numquam (Adv)
niemand nēmō
nirgendwo/-wohin nusquam (Adv)
noch etiam (Adv)
noch (auch) etiam (Adv)
noch einmal dēnuō (Adv)
noch nicht nōndum (Adv)
nochmals etiam (Adv)
Norden septentriōn|ēs [3, -um] (m pl)
normal normāl|is [-is]
notwendig necessārius
November Novem|ber [3, -bris] (m)
Nummer numerus [2]
nun (jetzt) nunc (Adv)
nur sōlum (Adv)
nur so viel tantum (Adv)
Nuss nulx [3, -cis] (f)
nützen prōdesse [prōsum, prōfuī]

O

ob sī (Kj)
oben suprā (Adv)
Obst pōma [2] (n pl)
oder aut (Kj)
offen (geöffnet) apertus
öffnen (aufdecken) aper|īre [4, -iō, -uī, -tum]
oft saepe (Adv)
ohne sine (Präp +5)
Ohr aur|is [3, -is] (f)
Oktober Octō|ber [3, -bris] (m)
Öl oleum [2]
Olive olīva [1]
Onkel (mütterl.) avunculus [2]
Onkel (väterl.) patruus [2]
Operation operāti|ō [3, -ōnis] (f) medica [1]
orange fulvus
Organ membrum [2], organum [2]
organisieren organizāre [1]
Ort (Platz, Stelle) locus [2]
Osten ori|ēns [2, -entis] (m)
Ostern diēs [5, diēī] (m) paschālis
Österreich Austria [2]
Österreicher Austriācus [1]

Österreicherin Austriāca [1]

P

Paar pār [3, pāris] (n)
paar (einige) nōnnūlli [1]
Päckchen fasciculus [2]
Paket fasc|is [3, -is] (m) cursuāl|is [-is]
Palast dom|us [4, -ūs] (f) rēgia
Panne damnum [2]
Papier (Blatt) charta [1]
Papiere (Ausweis-) litterae [1] (f pl)
Park viridārium [2]
parken collocāre [1]
Pass syngraphus [2]
Patient aegrōtus [2]
Pause intervallum [2]
Penis pēn|is [3, -is] (m)
Person persōna [1]
Pfeffer pip|er [3, -eris] (n)
pfeifen sībilāre [1]
Pferd equus [2]
Pfingsten pentēcost|ē [3, -ēs] (f)
Pflanze planta [1]
Pflaume prūnum [2]
pflücken carp|ere [3, -ō, -sī, -tum]
pink roseus ācer
Plan (Absicht, Rat) cōnsilium [2]

Platz (Ort, Stelle) locus [2]

Platzkarte tessera [1] sēdis reservātae

plötzlich subitō (Adv)

Politik política [1]

Polizei cūstō|dēs [3, -dum] (m pl) pūblicī

Polizeiwache pūblicae sēcūritātis praefectūra [1]

Polizist/-in custō|s [3, -dis] (m+f) pūblicus/ pūblica

Porto vectūrae pretium [2]

Postamt diribitōrium [2] cursuāle

Postkarte chartula [1] cursuāl|is [-is]

Preis pretium [2]

privat prīvātus

Problem quaesti|ō [3, -ōnis] (f)

Programm programm|a [3, -atis] (n)

Prost! Auf deine Gesundheit Bene tē!, Prōsit!

Pullover strictōria [1] lānea

pünktlich in tempore (Adv)

Q

Qualität quālitā|s [3, -tis] (f)

R

Radiogerät radiophōnum [2]

Rat cōnsilium [2]

Rathaus cūria [1]

Rätsel aenig|ma [3, -matis] (n)

rauben (be-) spoliāre [1]

Räuber latr|ō [1, -ōnis] (m), praed|ō [3, -ōnis] (m)

rauchen fūmāre [1]

rechnen (be-) computāre [1]

Rechnung rati|ō [3, -ōnis] (f)

Recht iūs [3, iūris] (n)

rechts (ā) dextrā

reden ōrāre [1]

Regen imb|er [3, -ris] (m), pluvia [1]

Regenschirm umbrella [1]

registrieren re|perīre [4, -periō, -pperī, -pertum]

regnen: es regnet pluit (unpers.)

reich dīv|es [-itis]

reichlich largiter (Adv)

reif mātūrus

Reife mātūritā|s [3, -tis] (f)

Reifen canthus [2] (pneumaticus)

Reise it|er [3, -ineris] (n)

reisen iter facere [5, faciō, fēcī, factum]

Reisepass syngraphus [2] viātōrius

rennen (laufen) currere [3, currō, cucurrī, cursum]

reparieren reparāre [1]

reservieren (buchen) praeoccupāre [1]

Restaurant lauta caupōna [1]

richtig rēctus

Richtung curs|us [4, -ūs] (m)

riechen (stinken) ol|ēre [2, -eō, -uī]

Rind bōs [3, bovis] (m+f)

Rock gunna [1]

roh rud|is [-is]

rollen (drehen, winden) vol|vere [3, -vō, -vī, -ūtum]

rosa roseus

Rose rosa [1]

rot ruber

Rücken tergum [2]

Rückfahrt redit|us [4, -ūs] (n)

Rucksack pēra [1]

rückständig obsolētus

rufen (schreien) vocāre [1]

Ruhe ōtium [1]

ruhig quiētus, tranquillus

S

Sache rēs [5, reī] (f)

Saft (Frucht-) sūcus [2] (frūctuārius)

sagen dīcere [3, dīcō, dīxī, dictum]

Salat lactūca [1] mixta

Salat (Kopf-) lactūca [1]

Salbe unguentum [2]

Salz sāl [3, -salis] (m)

sammeln col|ligere [3, -ligō, -lēgī, -lēctum]

Samstag Saturnī di|ēs [5, -ēī] (m)

Sand arēna [1]

satt satiātus

Satz (Grammatik) sententia [1]

sauber mundus

sauber machen pūrgāre [1]

sauer (Geschmack) acidus

sauer (Stimmung) saevus, īrātus

Schaf ov|is [3, -is] (f)

scharf (Geschmack) acūtus, āc|er [-ris], asper

scharf (Messer) acūtus, āc|er [-ris]

Scheck assīgnāti|ō [3, -ōnis] (f) argentāria

Scheide vāgīna [1]

scheinen (strahlen) radiāre [1]

Schere forf|ex [3, -icis] (m+f)

schicken (senden) mittere [3, mittō, mīsī, missum]

schießen sclopetāre [1]

Schiff nāv|is [3, -is] (f)

schlafen dorm|īre [4, -iō, -īvī, -ītum]

Schlafzimmer dormītōrium [2]

schlagen percu|tere [5, -tiō, -ssī, -ssum]

schlecht (böse) malus

schließen clau|dere [3, -dō, -sī, -sum]

Schloss (Gebäude) rēgia [1]

Schloss (Verschluss) claustra [2] (n pl)

Schlüssel clāv|is [3, -is] (f)

schmackhaft dēlicātus

Schmerz dol|or [3, -ōris] (m)

Schmerz empfinden (über/wegen) dol|ēre [2, -eō, -uī] (+4, de +5)

schmerzen (jdn) (intrans) dol|ēre [2, -eō, -uī] (+3)

Schmuck ōrnāt|us [4, -ūs] (m)

schmutzig lutulentus, sordidus

Schnee nix [3, nivis] (f)

schnell celer [-is]

Schnupfen gravēd|ō [3, -inis] (f)

schon iam (Adv)

schön pulcher

schreiben scrī|bere [3, -bō, -psī, ptum]

schreien (rufen) vocāre [1]

Schuh calceus [2]

schuldig noxius

Schule schola [1]

Schüler discipulus [2]

Schülerin discipula [1]

schwanger gravida

schwarz niger

schweigen tac|ēre [2, -eō, -uī, -itum]

Schwein porcus [2]

Schweiz Helvētia [1]

Schweizer Helvētius [2]

Schweizerin Helvētia [1]

schwer (nicht leicht) grav|is [-is]

Schwester sor|or [3, -ōris] (f)

schwierig difficil|is [-is]

schwimmen natāre [1]

schwitzen sūdāre [1]

See (der) lac|us [4, -ūs] (m)

Seele (Geist) animus [2]

sehen vidēre [2, videō, vīdī, vīsum]

Sehenswürdigkeiten rēs [5, rērum] (f pl) aspectābiliōr|ēs [-um], admīrābilēs

sehr (stark, heftig) valdē (Adv)

sehr (überaus) nimis (Adv)

Seide bomby̆x [3, -cis] (m)

Seife sāp|ō [3, -ōnis] (m)

Seil fūn|is [3, -is] (m)

sein (Hilfsverb) esse [sum, fuī]

seit ex (Präp +5), ab (Präp +5)

seit wann? ex quō tempore?

Seite (Richtung) par|s [3, -tis] (f)

Sekt vīnum [2] spūm|āns [-antis]

Sekunde secunda [1]

selbst ipse [1]

selten rārus

September Septem|ber [3, -bris] (m)

Serviette mappa [1]

setzen, sich cōn|sīdere [3, -sīdō, -sēdī, -sessum]

Shampoo capitilāvium [2]

sicher sēcūrus

siegreich vict|or [-ōris]

Silber argentum [2]

singen cantāre [1]

sitzen sedēre [2, sedeō, sēdī, sessum]

sitzen/passen (Kleidung) sedēre [2, sedeō, sēdī, sessum]

so ita

so (beschaffen) ... wie tālis ... quālis

so ... wie tam ... quam

sofort statim (Adv)

Sohn fīl|ius [2, -iī] (m)

solch(e, -er, -es) tāl|is [-is]

sollen dēb|ēre [2, -eō, -uī, -itum]

Sommer aestā|s [3, -tis] (f)

Sonne sōl [3, -is] (m)

Sonntag Sōlis di|ēs [5, -ēī] (m)

sparen parcere [3, parcō, pepercī] (+3)

spät (Adj) sērus

spät (Adv) sērō

spazieren gehen ambulāre [1]

Speise cibus [2]

Speisekarte ind|ex [3, -icis] (m+f) cibōrum

Spiel lūdus [2]

spielen lū|dere [3, -dō, -sī, -sum]

Spielzeug oblectāmentum [2] puerōrum

Sport ars [3, artis] (f) āthlētica

Sprache (Zunge) lingua [1]

sprechen dīcere [3, dīcō, dīxī, dictum]

sprechen (reden) loquī [3, loquor, locūtus sum] (Dep)

Spritze sīph|ō [3, -ōnis] (m)

Staat rēs [5, reī] (f) pūblica, cīvitā|s [3, -tis] (f)

Staatsangehörigkeit nātiōnālitā|s [3, -tis] (f)

Stadt urb|s [3, -is] (f)

stark fort|is [-is]

stark sein va|lēre [2, -eō, -uī]

stehen stāre [1, stō, stetī, statum]

stehlen fūrārī [1, fūror] (Dep)

Stein lap|is [3 -idis] (m)

Stelle (Ort, Platz) locus [2]

stellen (setzen, legen) pōnere [3, pōnō, posuī, positum]

sterben (an) mor|ī [5, -ior, -tuus sum] (+5) (Dep)

Stil (Architektur) strūctūrae gen|us [3, -eris] (n)

Stimme vōx [3, vōcis] (f)

stinken ol|ēre [2, -eō, -uī]

Stoff textum [2]

stören turbāre [1]

Strafe poena [1]

Strand līt|us [3, -oris] (n)

Straße strāta [1]

Straßenbahn trānsviāria raeda [1]

streben (eilen, verlangen) pet|ere [3, -ō, -īvī, -ītum]

Streichholz rāmentum [2] sulphurātum

streiten lītigāre [1]

Stress contenti|ō [3, -ōnis] (f) ēnerv|āns [-antis]

stressig onerōsissimus

Stück par|s [3, -tis] (f)

Student studiōsus [2] acadēmicus [2]

Studentin studiōsa [1] acadēmica [1]

Stunde hōra [1]

Sturm procella [1]

suchen (fragen) (jdn.) quae|rere [3, -rō, -sīvī, -sītum] (+4)

Süden merīdi|ēs [5, -ēī] (m)

Summe summa [1]

Supermarkt supervēnālicium [2]

Suppe sorbiti|ō [3, ōnis] (f)

süß dulc|is [-is]

T

Tabak tabācum [2]

Tablette pāstillus [2], tabuletta [1], pilula [1]

Tag diēs [5, diēī] (m)

täglich cottīdiānus

Tal vall|is [3, -is] (f)

Tankstelle taberna [1] benzīnāria

Tante (mütterl.) mātertera [1]

Tante (väterl.) amita [1]

tanzen saltāre [1]

Tasche (Hand-) sacculus [2]

Taschentuch linteolum [2]

Tasse pōcillum [2]

Taxi taxiraeda [1]

Tee thea [1]

Teelöffel linguella [1]

teilen dī|videre [3, -vidō, -vīsī, -vīsum]

Telefon tēlephōnum [2]

Telefonbuch catalogus [2] tēlephōnicus

telefonieren tēlephōnāre [1]

Telefonnummer numerus [2] tēlephōnicus

Telefonzelle cella [1] tēlephōnica

Telegramm tēlegramm|a [3, -atis] (n)

Teller catīllus [2]

Termin diēs [5, diēī] (f)

teuer (lieb, wert) cārus

teuer (von großem Preis) (Adv) māgnī pretiī (als Obj)

Theater theātrum [2]

tief (auch: tief) altus

Tier anim|al [3, -ālis] (n)

Tochter fīlia [1]

Tod mor|s [3, -tis] (f)

Toilette (Ort) locus [2] sēcrētus

Toilettenpapier charta [1] hygiēnica, charta [1] pūrgātōria

tot mortuus

töten necāre [1]

Tourist/-in peregrīn|āns [3, -antis] (m+f)

Tradition trāditi|ō [3, -ōnis] (f)

tragen ferre [ferō, tulī, lātum]

Traube ūva [1]

trauern, leiden dol|ēre [2, -eō, -uī]

traurig trīst|is [-is]

treffen (begegnen) (jdn.) congre|dī [5, -dior, -ssus sum] (cum +5, inter se) (Dep)

trennen sē|iungere [3, -iungō, -iūnxī, -iūnctum]

trennen, sich dīgre|dī [5, -dior, -ssus sum]

Treppe scāl|ae [1, -ārum] (f pl)

trinken bib|ere [3, -ō, -ī]

Trinkgeld corōllārium [2]

trocken (dürr) āridus

Tschüss! Valē! / Valēte!

tun (handeln) agere [3, agō, ēgī, āctum]

Tür (Tor, Pforte) porta [1]

Turm turr|is [3, -is] (f)

U

U-Bahn ferrivia [1] subterrānea

üben exerc|ēre [2, -eō, -uī, -itum]

über (örtl.) suprā (Präp +4)

überall ubīque (Adv)

überaus (dringend) māgnopere (Adv)

übermorgen perendiē (Adv)

überschreiten trāns|īre [-eō, -iī, -itum]

übersetzen (Sprache) ad verbum trāns|ferre [-ferō, -tulī, -lātum]

übertreffen (siegen) superāre [1]

übrig (geblieben) (Adj) reliquus

Uhr (Stunde/Uhrzeit) hōra [1]

Uhr (Wand-) hōrologium [2] pēnsil|e [-is]

Umfang (Breite, Größe) lātitūd|ō [3, -inis] (f)

Umgebung vīcīna regi|ō [3, -ōnis] (f)

Umleitung circuit|us [4, -ūs] (m)

umsteigen mūtāre [1] vehiculum

umsteigen (in) trāns|cendere [3, -cendō, -cendī, -cēnsum] (in +4)

umtauschen permūtāre [1]

Umweg circuit|us [4, -ūs] (m)

Umwelt rēs [5, rērum] (f pl) externae

unbekannt īgnōtus

und et (Kj), -que

unentschieden lūdus [2] ancep|s [-itis]

Unfall accidentia [1], cās|us [4, -ūs] (m)

Unfall (Fall) cās|us [4, -ūs] (m)

Unfall (Verkehrs-) cās|us [4, -ūs] (m) viārius

Universität studiōrum ūniversitā|s [3, -tis] (f)

unschuldig innoc|ēns [-entis]

unten īnfrā (Präp +4)

unter sub (Präp +4)

untergehen oc|cidere [3, -cidō, -cidī, -cāsum]

Unterhaltung (Gespräch) colloquium [2]

Unterhaltung (Zerstreuung) rēs [5, rērum] (f pl) oblectābilēs

Unterkunft hospitium [2]

unterrichten (lehren) doc|ēre [2, -eō, -uī, -tum]

unterschreiben subscrī|bere [3, -bō, -psī, -ptum]

unterstützen (helfen) ad|iuvāre [1 -iuvō, -iūvī, -iūtum]

Untersuchung (medizin.) explōrāti|ō [3, -ōnis] (f) medica

unverheiratet (Frauen) nōn nūpta, innūpta

unverheiratet (Männer) cael|ebs [-ibis]

Urlaub peregrīnāti|ō [3, -ōnis] (f) voluptāria

Urteil (Gericht) iūdicium [2]

V

Vater pa|ter [3, -tris] (m)

Vegetarier vegetārius [2]

verabreden, sich (mit) com|pōnere [3, -pōnō, -posuī, -positum] (cum +5)

Verabredung cōnstitūtum [2]

verabschieden, sich dis|cēdere [3, -cēdō, -cessī, -cessum]

Verbot inhibiti|ō [3, -ōnis] (f)

verboten sein interdictum esse [sum, fuī]

Verbrechen scel|us [3, -eris] (n)

Verbrecher malefact|or [3, -ōris] (m)

Verbrennung combūsti|ō [3, -ōnis] (f)

verdienen mer|ēre [2, -eō, -uī, -itum]

vergessen oblī|vīscī [3, -vīscor, -tus sum] (Dep)

vergnügen, sich dēlect|ārī [1, -or, -ātus sum] (Dep)

Vergrößerung amplificāti|ō [3, -ōnis] (f) phōtographica

verirren, sich itinere deerrāre [1]

verkaufen vend|ere [3, -ō, -idī, -itum]

Verkäufer vendit|or [3, -ōris] (m)

Verkäuferin venditr|īx [3, -īcis] (f)

verlangen (eilen, streben) pet|ere [3, -ō, -īvī, -ītum]

verlassen (zurücklassen) re|linquere [3, -linquō, līquī, -lictum]

verleihen (an) mūtuum dare [1, dō, dedī, datum] (+3)

verletzen (verwunden) vulnerāre [1]

verletzt vulnerātus

Verletzung vuln|us [3, -eris] (n)

verlieben, sich (in) amōre [3] cap|ī [5, -ior, -tum] (+2)

verlieren perd|ere [3, -ō, -idī, -itum]

vermieten cēnāculāriam exerc|ēre [2, -eō, -uī, -itum]

Vernunft rati|ō [3, -ōnis] (f)

Versicherung assēcūrāti|ō [3, -ōnis] (f)

verspäten, sich serō venīre [4, veniō, vēnī ventum]

versprechen, sich in dīcendō errāre [1]

verstehen (begreifen) intel|legere [3, -legō, -lēxī, -lēctum]

verstopfen obstr|uere [3, -uō, -ūxī, -ūctum]

Verstopfung cōnstīpāti|ō [3, -ōnis] (f) alvī

versuchen temptāre [1]

Verwaltung administrāti|ō [3, -ōnis] (f)

verzeihen (vergeben) ignō|scere [3, -scō, -vī, -tum]

Verzeihung (Nachsicht, Gnade) venia [1]

viel (Adj) multus

vielleicht fortasse (Adv)

Vogel av|is [3, -is] (f)

Volk populus [2]

voll (Adj) plēnus

von (über) dē (Präp +5)

vor ante (Präp +4)

vorbereiten praeparāre [1]

vorgestern nudiūs tertius (Adv)

vorher anteā (Adv)

Vormittag temp|us [3, -oris] (n) antemerīdiānum

vormittags ante merīdiem

Vorname praenōm|en [3, -inis] (n)

vorne ā frōnte

vorschlagen prō|pōnere [3, -pōnō, -posuī, -positum]

Vorspeise prōmuls|is [3, -idis] (f), gūstāti|ō [3, -ōnis] (f), gūst|us [4, -ūs] (m)

vorstellen, sich (Imagination) cōgitāre [1]

vorstellen, sich (bekannt machen) osten|dere [3, -dō, -dī, -tum]

Vorwahlnummer praesēlēctōrius numerus [2]

W

Wagen vehiculum [2]

wahr vērus

während dum (Kj)

Wald silva [1]

Wand pari|ēs [3, -etis] (m)

wandern migrāre [1]

wann? quandō?

Ware mer|x [3, -cis] (f)
warm (heiß) calidus
warten exspectāre [1]
warum? cūr?
was? quid?
waschen lavāre [1]
Wasser aqua [1]
Watte byssus [2]
WC (Wasserklosett) sella [1] ēlūtōria
wechseln commūtāre [1]
wecken excitāre [1]
Weg (Straße) via [1]
wegen propter (Präp +4)
wegfahren (-bringen) ā|vehere [3, -vehō, -vēxī, -vectum]
weiblich fēminīnus
Weihnachten nātālis di|ēs [5, -ēī] (m) Dominī
weil cum (Kj + Konj)
Wein vīnum [2]
weinen lacrimāre [1]
weiß albus
weit lātus
wenig paulum (Adv)
wenn sī (Kj)
wer? quī? (m), quae? (f), quod? (n)
werden fierī [fīō, factus sum]
Werktag diēs [5, diēī] (m) profēstus
wessen? cūius?

Westen occid|ēns [3, -entis] (m)
Wetter tempestā|s [3, -tis] (f)
wichtig māgnus
wie (Vergleich) quam
wie viel (von etwas)? quantum? (+2 pl)
wie viel? (adjektivischer Gebrauch) quanti? (m), quantae? (f), quanta? (n)
wie? (auf welche Weise?) quōmodo?
wieder etiam (Adv), iterum (Adv)
wieder (hin-)sehen revid|ēre [2, -eō]
wiederholen repet|ere [3, -ō, -īvī, -ītum]
Wind ventus [2]
Winter hiem|s| [3 -is] (f)
wissen (verstehen) scīre [4, sciō, scīvī, scītum]
wo? ubī?
Woche hebdomada [1], septimāna [1]
Wochentage diēs [5, diērum] (m pl) hebdomadāles
woher? unde?
wohin? quō?
wohnen habitāre [1]
Wohnung aed|ēs [3, -is] (f), habitāti|ō [3, -ōnis] (f)
wollen velle [volō, voluī]
Wort verbum [2]

Wörterbuch lexicon [2] (n)
Wunde vuln|us [3, -eris] (n)
wünschen dēsīderāre [1]

Z

Zahl numerus [2]
zahlen (ab-/erlösen, befreien) sol|vere [3, -vō, -vī, -ūtum]
zählen (rechnen) numerāre [1]
Zahn dēns [3, dentis] (m)
Zähne putzen dentēs fricāre [1]
Zahnpasta dentāria pasta [1], dentifricium [2]
Zehe digitus [2]
zeigen mōnstrāre [1]
Zeit temp|us [3, -oris] (n)
Zeitalter (Jahrhundert) saeculum [2]
Zeitung diurn|a [2, -ōrum] (n pl)
Zelt tentōrium [2]
Zentimeter centimetrum [2]
Zentrum medium [2]
Zigarette sigarellum [2]
Zimmer conclāv|e [3, -is] (n), cubiculum [2]
Zoll (auf Waren) vectīg|al [3, -ālis] (n)

zollfrei immūn|is [-is] vectīgālis
zu (an, bei) ad (Präp +4)
zu (nach) (Richtung) in (Präp +4)
Zucker saccharum [2]
zufrieden contentus [1]
Zug (Eisenbahn) trām|en [3, -inis] (n)

Zug (von Menschen) agm|en [3, -inis] (n)
Zunge lingua [1]
zurück retrō (Adv)
zurück-/umkehren rever|ti [3, -tor, -tī, -sus sum] (Dep)
zusammen (zugleich) simul (Adv)

zusammenhalten con|tinēre [2, -tineō, -tinuī, -tentum]
zwischen inter (Präp +4)
Zwischenmahlzeit prandium [2]

Wörterliste Modernes Latein – Deutsch

A

ā dextrā rechts
ā frönte vorne
ā sinisträ links
ā tergō hinten
ab (Präp +5) seit
abesse [absum, āfuī] fehlen, abwesend sein
accidentia [1] Unfall
accumulātōrium [2] Batterie
āc|er [-ris] scharf (Geschmack/Messer)
acidus sauer (Geschmack)
ac|us [4, -ūs] (f) Nadel
acūtus scharf (Geschmack/Messer)
ad (Präp +4) an, zu, bei, nach (Richtung)

ad|dūcere [3, -dūcō, -dūxī, -ductum] heran-/herbeiführen
ad|iuvāre [1 -iuvō, -iūvī, -iūtum] unterstützen (helfen)
Adiuvāte! Hilfe!
administrāti|ō [3, -ōnis] (f) Verwaltung
ad|venīre [4, -veniō, -vēnī, -ventum] ankommen
advent|us [4, -ūs] (m) Ankunft
advent|us [4, -ūs] (m) sacer Dominī Advent
advocāre [1] herbeirufen
aed|ēs [3, -is] (f) Wohnung
aed|ēs [3, -is] (f) cīvium prōcūrātōris Konsulat

aedificāre [1] bauen
aedificium [2] Gebäude
aeger krank
aegrōrum ministra [1] Krankenschwester
aegrōtus [2] Patient
aenlg|ma [3, -matis] (n) Rätsel
āëronāv|is [3, -is] (f) Flugzeug
āëroplanum [2] Flugzeug
āëroport|us [4, -ūs] (m) Flughafen
aestā|s [3, -tis] (f) Sommer
aestuōsus heiß
aetā|s [3, -tis] (f) Alter (Lebens-)

af|ficere [5 -ficiō, -fēcī, -fectum] (+5) ausstatten, versehen (mit)

ag|er [2, -rī] (m) Acker, Feld

agere [3, agō, ēgī, āctum] tun, handeln

agm|en [3, -inis] (n) Zug (von Menschen)

agricultūra [1] Landwirtschaft

albus weiß

alcohōl [3, -is] (n) Alkohol

aliēnus fremd, ausländisch

alimenta [2] (n pl) Lebensmittel

aliquid (Pron) etwas, irgendetwas

ali|quis (m), -qua (f), -quid (n) (Pron) jemand, irgendeiner/-e

allergia [1] Allergie

allergicus allergisch

altitūd|ō [3, -inis] (f) Höhe, Tiefe

altus hoch, tief

alvus [2] (f) Bauch, Unterleib

amāre [1] lieben

ambulāre [1] spazieren gehen

amīca [1] Freundin

amīcitia [1] Freundschaft

amīcus [2] Freund

amita [1] Tante (väterl.)

ā|mittere [3, -mittō, -mīsī, -missum] loslassen, verlieren

amōre [3] cap|ī [5, -ior, -tum] (+2) sich verlieben (in)

amplificāti|ō [3, -ōnis] (f) phōtographica Vergrößerung

angiportum [2] Gasse

Anglia [1] England; Engländerin

Anglicus englisch

Anglius [2] Engländer

angustus eng

anim|al [3, -ālis] (n) Tier

animus [2] Seele (Geist)

annus [2] Jahr

annus [2] novus Neujahr

ante (Präp +4) vor

ante merīdiem am Vormittag, vormittags

anteā (Adv) vorher

antibiōticum [2] Antibiotikum

antiquitā|s [3, -tis] (f) Altertum

an|us [4, -ūs] (f) Alte (alte Frau)

aper|īre [4, -iō, -uī, -tum] aufdecken, öffnen

apertus offen, geöffnet

appellāre [1] ansprechen, nennen

appellāti|ō [3, -ōnis] (f) litterārum Aussprache (der Buchstaben)

apportāre [1] (her-)bringen

Aprīl|is [3, -is] (m) April

apud (Präp +4) bei, in der Nähe

aqua [1] Wasser

aqua [1] minerālis Mineralwasser

arb|or [3, -ōris] (f) Baum

arca [1] Kasse (allg.)

arca [1] āleātōria Spielbank

arcess|ere [3, -ō, -īvī, -ītum] herbeirufen

ār|dēre [2 -deō, -sī, -sūrum] brennen (intrans.)

arēna [1] Sand

argentāria [1] Bank (Geld)

argentum [2] Silber

āridus trocken, dürr

ar|s [3, -tis] (f) Kunst

ar|s [3, -tis] (f) āthlētica Sport

ar|s [3, -tis] (f) hygiēnica Hygiene

artif|ex [3, -icis] (m+f) Künstler/-in

asper scharf (Geschmack)

aspīrāre [1] hauchen, ausatmen

assēcūrāti|ō [3, -ōnis] (f) Versicherung

assēcūrāti|ō [3, -ōnis] (f) aegrōtōrum Krankenversicherung

as|sentīrī [4, -sentior, -sēnsus sum] (Dep) (+3) einverstanden sein (mit)

assīgnāti|ō [3, -ōnis] (f) argentāria Scheck

as|suēscere [3, -suēscō, -suēvī, suētum] (+5) sich gewöhnen (an)

aud|īre [4, -iō, -īvī, -ītum] hören

Augustus [2] August

aur|is [3, -is] (f) Ohr

aurum [2] Gold

Austria [2] Österreich

Austriāca [1] Österreicherin

Austriācus [1] Österreicher

aut (Kj) oder

autocarrum [2] Lastwagen

autocinētum [2] Fahrzeug

autoraeda [1] Auto

autoraeda [1] longa Bus

autoraedam dū|cere [3, -cō, -xī, ductum] Auto fahren

autumnus [2] Herbst

Auxiliō! Hilfe!

auxilium [2] Hilfe

auxilium [2] prīmum erste Hilfe

ā|vehere [3, -vehō, -vēxī, -vectum] wegfahren, wegbringen, abfahren

avia [1] Großmutter

av|is [3, -is] (f) Vogel

āvolāre [1] abfliegen

avunculus [2] Onkel (mütterl.)

avus [2] Großvater

B

balneum [2] Badezimmer; (das) Baden

Bene tē! Prost!, Auf deine Gesundheit

Bene valē! Auf Wiedersehen!

benīgnus freundlich, herzlich

benzīnum [2] Benzin

bib|ere [3, -ō, -ī] trinken

birota [1] Fahrrad

bombȳ|x [3, -cls] (m) Seide

bonus gut

bōs [3, bovis] (m+f) Rind

brāc|ae [1, -ārum] (f pl) Hose

bracchium [2] Arm

brevis kurz

Britann(ic)us englisch

Britanna [1] Engländerin

Britannia [1] England

Britannus [2] Engländer

būtȳrum [2] Butter

byssus [2] Watte

C

cael|ebs [-ibis] unverheiratet, ehelos, ledig (nur f. Männer)

cael|ebs [3, -ibis] (m) Junggeselle

caelum [2] Himmel

caeruleus blau

cafea [1] (Arabica) Kaffee

calceus [2] Schuh

calidus warm, heiß

callidus clever

campus [2] tentōrius Campingplatz

can|is [3, -is] (m+f) Hund/Hündin

cantāre [1] singen

canthus [2] (pneumaticus) Reifen

cānus grau

capilli [2] (m pl) Haare (Haupthaar)

capillus [2] Haar (einzelnes)

capitilāvium [2] Shampoo

cap|ut [3, -itis] (n) Kopf

carc|er [3, -eris] (m) Gefängnis

card|ō [3, -inis] (m) tempōrum Jahreszeit

carm|en [3, -inis] (n) Lied

car|ō [3, -nis] (f) Fleisch

carp|ere [3, -ō, -sī, -tum] pflücken

cārus lieb, teuer, wert

castellum [2] Burg

cās|us [4, -ūs] (m) Fall, Unfall

cās|us [4, -ūs] (m) viārius Verkehrsunfall

catalogus [2] tēlephōnicus Telefonbuch

catholicus Katholik

catīllus [2] Teller

caupōna [1] Gaststätte

caupōna [1] Kneipe

cavēre [2, caveō, cāvī, cautum] (+4) sich hüten (vor), sich in Acht nehmen (vor)

celeb|er (m)/-ris (f)/-re (n) [-ris] berühmt

celebrāre [1] feiern

celer [-is] schnell

cella [1] tēlephōnica Telefonzelle

cēna [1] Hauptspeise

cēnāculāriam exerc|ēre [2, -eō, -uī, -itum] vermieten

centimetrum [2] Zentimeter

cerasum [2] Kirsche

certē (Adv) ja (gewiss)

certiōrem facere [5, faciō, fēcī, factum] (+4) informieren (sich/ andere)

cervēsia [1] Bier

charta [1] Papier (Blatt)

charta [1] hygiēnica Toilettenpapier

charta [1] pūrgātōria Toilettenpapier

chartula [1] Karte

chartula [1] cursuāl|is [-is] Postkarte

chartula [1] variāta Ansichtskarte

chīliogrammum [2] Kilo

chīliometrum [2] Kilometer

Chrīstiānus Christ

cibus [2] Nahrung, Speise

cīnēmatographēum [2] Kino

circuit|us [4, -ūs] (m) Umleitung, Umweg

cīvīl|is [-is] bürgerlich

cīv|is [3, -is] (m+f) Bürger

cīvitā|s [3, -tis] (f) Staat, Land

clārus, lūcidus hell

clau|dere [3, -dō, -sī, -sum] schließen

claustra [2] (n pl) Schloss (Verschluss)

clausus geschlossen

clāv|is [3, -is] (f) Schlüssel

clīnicum [2] Krankenhaus

cochle|ar [3, -āris] (n) Löffel

cōgitāre [1] denken, sich vorstellen (Imagination)

cōg|nōscere [3, -nōscō, -nōvī, -nitum] kennen lernen, wissen

col|ligere [3, -ligō, -lēgī, -lēctum] sammeln

collocāre [1] parken

collo|quī [3, -quor, -cūtus sum] sich besprechen

colloquium [2] Aussprache (klärendes Gespräch), Unterhaltung, Gespräch

collum [2] Hals

col|or [3, -ōris] (m) Farbe

cōma [3, -tis] (n) Koma

combūsti|ō [3, -ōnis] (f) Verbrennung

cōm|is [-is] höflich, freundlich

comitāre [1] begleiten

commercium [2] Geschäft (Handel)

commorārī [1] (Dep): in tentōriō ~ campen

commūtāre [1] wechseln

com|pōnere [3, -pōnō, -posuī, -positum] (cum +5) sich verabreden (mit)

computāre [1] (be-)rechnen

computātrum [2] Computer

computus [2] mēnsārius Bankkonto

concent|us [4, -ūs] (m) mūsicus Konzert

conclāv|e [3, -is] (n) Zimmer

condīmentum [2] Gewürz

con|dūcere [3, -dūcō, -dūxī, -ductum] mieten

cōn|ficere [5, -ficiō, -fēcī, -fectum] beenden

congre|dī [5, -dior, -ssus sum] (cum +5, inter se) (Dep) treffen, begegnen (jdn.)

cōnservāre [1] erhalten

cōn|sīdere [3, -sīdō, -sēdī, -sessum] sich setzen

cōnsilium [2] Plan, Absicht, Rat

cōnsobrīna [1] Cousine

cōnsobrīnus [2] Cousin

cōnst|āre [1, -ō, -itī] feststehen

cōnst|āre [1, -ō, -itī] (+5) kosten (Preis)

cōnstīpāti|ō [3, -ōnis] (f) alvī Verstopfung

cōnstitūtum [2] Verabredung

cōnsuētūd|ō [3, -inis] (f) Brauch (Sitte)

contenti|ō [3, -ōnis] (f) ēnerv|āns [-antis] Stress

contentus [1] zufrieden

con|tinēre [2, -tineō, -tinuī, -tentum] beinhalten, zusammenhalten

continuāre [1] fortführen, fortsetzen

contrā (Adv) gegenüber

contrā (Präp +4) gegen (etw./jdn.)

convīva [1] (m) Gast

convīvāt|or [3, -ōris] (m) Gastgeber

cooperīmentum [2] Bettbezug

cōpia [1] (+2) Menge (Quantität)

coquere [3, coquō, coxī, coctum] backen

co|quere [3, -quō, -xī, -ctum] kochen

cor [3, -dis] (n) Herz

corōllārium [2] Trinkgeld

cottīdiānus täglich

crās (Adv) morgen, am nächsten Tag

crās māne morgen früh

crās vesperī morgen Abend

crē|dere [3, -dō, -didī, -ditum] glauben

crepīd|ō [3, -inis] (f) Bahnsteig

crū|s [3, -ris] (n) Bein; Unterschenkel

crūstum [2] Gebäck

cubiculum [2] Zimmer

cūius? wessen?

cult|er [2, -trī] (m) Messer

cultus aufgeklärt

cum (Kj + Konj) als (zeitl.), weil

cum (Präp +5) mit

cūr? warum?

cūrāre [1] behandeln (Krankheit)

cūria [1] Rathaus

cūriōsus neugierig

currere [3, currō, cucurrī, cursum] laufen, rennen

curr|us [4, -ūs] (m) valētūdinārius Krankenwagen

curs|us [4, -ūs] (m) Richtung

cūstō|dēs [3, -dum] (m pl) pūblicī Polizei

cūstōd|īre [4, -iō, -īvī, -ītum] bewachen, überwachen

custō|s [3, -dis] (m+f) pūblicus/pūblica Polizist/-in

D

damnum [2] Panne

dare [1, dō, dedī, datum] geben

datum [2] Datum

dē (Präp +5) von (über)

dēb|ēre [2, -eō, -uī, -itum] müssen, sollen; schulden

Decem|ber [3, -bris] (m)
Dezember

**dē|cernere [3, -cernō,
-crēvī, -crētum]**
entscheiden (sich)

**dē|dūcere [3, -dūcō, -dūxī,
-ductum] aliquem (ad
(+4))** jdn. bekannt
machen (mit jdm.)

deerrāre [1] abirren

deerrāre [1]: itinere ~
sich verirren

dē|esse [-sum, -fuī]
fehlen, nicht anwesend
sein

dēfect|us [4, -ūs] (m)
Fehler, Defekt

dēgustāre [1] (+4)
kosten, probieren

deinde (Adv) danach

**dēlect|ārī [1, -or, -ātus
sum] (Dep)** sich
vergnügen

dēlētus kaputt

dēlicātus schmackhaft

dēlici|ae [1, -ārum] (f pl)
Liebling

dēminūti|ō [3, -ōnis] (f)
Ermäßigung

dēns [3, dentis] (m) Zahn

dentāria pasta [1]
Zahnpasta

dentēs fricāre [1] Zähne
putzen

dentifricium [2]
Zahnpasta

dēnuō (Adv) noch einmal

**dē|scendere [3, -scendō,
-scendī, -scēnsum]
(dē currū)** aussteigen
(aus dem Wagen)

dēsīderāre [1] wünschen

**dē|sistere [3, -sistō, -stitī,
-stitum]** aufhören

**dē|tegere [3, -tegō, -tēxī,
-tēctum]** aufdecken,
enthüllen

dētrītus alt (nicht neu)

Deus [2] Gott

dēversōrium [2] Hotel

dēverticulum [2]
Abzweigung, Kreuzung

dextrā rechts

diaeta [1] Diät

dialectus [2] Dialekt

**dīcere [3, dīcō, dīxī,
dictum]** sagen, sprechen

diēs [5, diēī] (f) Termin,
Datum

diēs [5, diēī] (m) Tag

diēs [5, diēī] (m) fēstus
Feiertag

**diēs [5, diērum] (m pl)
hebdomadālēs**
Wochentage

**diēs [5, diēī] (m)
paschālis** Ostern

**diēs [5, diēī] (m)
profēstus** Werktag

**diēs [5, diēī] (m) nātāl|is
[-is]** Geburtstag

difficil|is [-is] schwierig

digitus [2] Finger; Zehe

**dīgre|dī [5, -dior, -ssus
sum]** fortgehen, sich
trennen

dīlig|ēns [-entis] genau

dīmidium [2] Hälfte

dīrēctē (Adv) geradeaus

diribitōrium [2] cursuāle
Postamt

**dis|cēdere [3, -cēdō,
-cessī, -cessum]** sich
verabschieden

di|scere [3, -scō, -dicī]
lernen

discipula [1] Schülerin

discipulus [2] Schüler

disputāre [1] erörtern,
diskutieren

distāre [1] entfernt sein

diurn|a [2, -ōrum] (n pl)
Zeitung

diūturnus lang (zeitl.)

dīv|es [-itis] reich

**dī|videre [3, -vidō, -vīsī,
-vīsum]** teilen

doc|ēre [2, -eō, -uī, -tum]
unterrichten, lehren

documentum [2]
Dokument(e)

dol|ēre [2, -eō, -uī]
trauern, leiden

dol|ēre [2, -eō, -uī] (+3)
schmerzen (jdn) (intrans)

dol|ēre [2, -eō, -uī] (+4, de +5) Schmerz empfinden (über/wegen)

dol|or [3, -ōris] (m) Schmerz

domina [1] Herrin, Dame (auch als Anrede), Ehefrau, Hausfrau

dominula [1] Fräulein

dominus [2] Herr

domum (Adv) nach Hause

dom|us [4, -ūs] (f) Haus

dom|us [4, -ūs] (f) rēgia Palast

dōnum [2] Geschenk

dorm|īre [4, -iō, -īvī, -ītum] schlafen

dormītōrium [2] Schlafzimmer

ducāt|us [4, -ūs] (m) Führung

dū|ccro [3, -cō, -xī, ductum] (an-)führen, leiten

dū|cere [3, -cō, -xī, ductum]: autoraedam ~ Auto fahren

dūcere [3, dūcō, dūxī, ductum] (+4): in mātrimōnium ~ heiraten (in die Ehe führen) (Mann eine Frau)

dulc|is [-is] süß

dum (Kj) während

dūrāre [1] dauern

dūrus hart

E

ē (nur vor Kons.) (Präp +5) aus

ēbrius betrunken

ecce! (Adv) da!, sieh da!

ecclēsia [1] Kirche

edere [3, edō, ēdī, ēsum] essen

ēgre|dī [3, -dior, -ssus sum] hinausgehen, aussteigen

ēgregius ausgezeichnet

ēgress|us [4, -ūs] (m) Ausreise

emere [3, emō, ēmī, ēmptum] kaufen

enim (Adv) nämlich

eō (Adv) dorthin

epistula [1] Brief (privater)

equus [2] Pferd

errāre [1]: in dīcendō ~ sich versprechen

esse [sum, fuī] sein (Hilfsverb)

ēsuri|ēs [5, -ēī] (f) Hunger

ēsur|īre [4, -iō] hungern, Hunger haben

et (Kj) und

etiam (Adv) auch, jetzt noch, noch, nochmals, wieder

etiam (Kj) außerdem

ēvent|us [4, -ūs] (m) Ereignis

ex (Präp +5) seit

ex (vor Kons. + Vok.) (Präp +5) aus

ex professō berufsmäßig

ex quō tempore? seit wann?

excellenter (Adv) hervorragend

excitāre [1] wecken

excūsāre [1] (sē) entschuldigen (sich)

exemplum [2] Beispiel

exerc|ēre [2, -eō, -uī, -itum] üben

eximius ausgezeichnet

exit|us [4, -ūs] (m) Ausgang (Stelle)

exper|gīscī [3, -gīscor, -rēctus sum] (Dep) aufwachen

explicāre [1] erklären

explōrāti|ō [3, -ōnis] (f) medica Untersuchung (medizin.)

exportāti|ō [3, -ōnis] (f) Ausfuhr

expositi|ō [3, -ōnis] (f) Ausstellung

exspectāre [1] warten

extrāne|ī [2, -ōrum] (m pl) Ausländer (pl)

ex|uere [3, -uō, -uī, -ūtum], sē ~ (vestibus) sich ausziehen (Kleider)

F

fabrica [1] Fabrik

fābula [1] Geschichte (Erzählung)

facere [5, faciō, fēcī, factum] machen

facere [5, faciō, fēcī, factum]: certiōrem ~ (+4) informieren (sich/andere)

facere [5, faciō, fēcī, factum]: iter ~ reisen

faci|ēs [5, -ēī] (f) Äußeres, Gestalt, Gesicht

falsus falsch

fāma [1] Gerücht, Ruf

familia [1] Familie

fasciculus [2] Päckchen

fasciola [1] Binde

fasc|is [3, -is] (m) cursuāl|is [-is] Paket

fatīgātus erschöpft, müde

febr|is [3, -is] (f) Fieber

Februārius [2] Februar

fēli|x [-cis] glücklich

fēmina [1] Frau

fēminīnus weiblich

fenestra [1] Fenster

ferculum [2] Essen

ferē (Adv) etwa

fēri|ae [1, -ārum] (f pl) Ferien

ferre [ferō, tulī, lātum] tragen

ferrivia [1] Eisenbahn

ferrivia [1] subterrānea U-Bahn

festīnāre [1] sich beeilen

fēstum [2] Feier, Fest

fid|ēs [5, -eī] (f) Glaube

fierī [fīō, factus sum] werden

fierī potest ut ... (+ Konj) es ist möglich, dass ...

fīlia [1] Tochter

fīl|ius [2, -iī] (m) Sohn

fīlum [2] Faden

fi|nīre [4, -niō, -nīvī, -nītum] beenden

fin|is [3, -is] (m) Ausgang, Ende,Grenze

firmus fest

flāvus gelb

fle|ctere [3, -ctō, -xī, -xum] biegen

flō|s [3, -ris] (m) Blume

fluvius [2] Fluss

folium [2] Blatt (Pflanzen)

forām|en [3, -inis] (n) Loch

forf|ex [3, -icis] (m+f) Schere

fortasse (Adv) vielleicht

fort|is [-is] stark

fortūna [1] Glück

forum [2] Markt

frāctūra [1] Knochenbruch

frā|ter [3, -tris] (m) Bruder

fraudāre [1] betrügen

frequentāt|or [3, -ōris] (m) Besucher

frīgēre [2, frigeō] frieren

frīgidārium [2] Kühlschrank

frīgidus kalt, kühl

frūct|us [4, -ūs] (m) Frucht

fuga [1] Flucht

fulvus orange

fūmāre [1] rauchen

fūnctiōnāria [1] Angestellte

fūnctiōnārius [2] Angestellter

fūn|is [3, -is] (m) Seil

fūr [3, -is] (m) Dieb

fūrārī [1, fūror] (Dep) stehlen

fūrtum [2] Diebstahl

fuscinula [1] Gabel

fuscus braun

G

gāsum [2] Gas

gaudēre [gaudeō, gāvīsus sum] (semidep) sich freuen, froh sein

gaudium [2] Freude

gen|us [3, -eris] (n) Geburt

Germānia [1] Deutschland

Germānia [1] Cōnfoederāta Bundesrepublik Deutschland

Germānica [1] Deutsche (f)

Germānicus deutsch (Adj)

Germānicus [2] Deutscher (m)

glaci|ēs [5, -ēī] (f) Eis (gefrorenes Wasser)

glaci|ēs [5, -ēī] (f) edibilis Eiscreme

grām|en [3, -inis] (n) Gras

grammum [2] Gramm

graphēocraticus bürokratisch

grātiās agere [3, agō, ēgī, āctum] (alicui) (prō +5) danken (jdm.) (für)

Grātiās! Danke!

grātuītus kostenlos

grātul|āri [1, -or, -ātus sum] (Dep) (+3) gratulieren (jdm.)

gravēd|ō [3, -inis] (f) Schnupfen

gravida schwanger

grav|is [-is] schwer (nicht leicht)

grex [3, gregis] (m) Gruppe

grippa [1] Grippe

gunna [1] Rock

gūstāti|ō [3, -ōnis] (f) Vorspeise

gūst|us [4, -ūs] (m) Vorspeise

gymnasium [2] Gymnasium

H

hab|ēre [2, -eō, -uī, -itum] haben, besitzen

habitāre [1] wohnen

habitāti|ō [3, -ōnis] (f) Wohnung

haec (f) diese (Sg)

haec septimāna diese Woche

hebdomada [1] Woche

hecticus hektisch

Helvētia [1] Schweizerin; Schweiz

Helvētius [2] Schweizer

herbae [1] (f pl) Kräuter

herī (Adv) gestern

Heus! Hallo!

hīc (Adv) hier

hic (m) dieser

hiem|s| [3 -is] (f) Winter

historia [1] Geschichte (Wissenschaft)

hoc (n) dieses

hodiē (Adv) heute

hodiē post merīdiem heute Nachmittag

hodiē vesperī heute Abend

hol|us [3, -eris] (n) Gemüse

homicīdium [2] Mord

hom|ō [3, -inis] (m) Mensch

hōra [1] Stunde, Uhrzeit, Uhr

hōra [1] adventūs Ankunftszeit

hōrārum tabula [1] Fahrplan

hōrologium [2] brachiāle Armbanduhr

hōrologium [2] pēnsil|e [-is] (Wand-)Uhr

hortus [2] Garten

hosp|es [3, -itis] (m+f) Besuch

hospitium [2] Gastfreundschaft, Hotel, Unterkunft

hūmānus menschlich

humil|is [-is] niedrig

I

iac|ēre [2, -eō, -uī] liegen

iam (Adv) schon

lānuārius [2] Januar

ibi (Adv) da, dort

ientācūlum [2] Frühstück

igitur (Kj) also, daher, folglich

īgnāvus faul, träge, kraftlos, schlaff

īgn|is [3, -is] (m) Feuer

īgnō|scere [3, -scō, -vī, -tum] verzeihen, vergeben

īgnōtus unbekannt

ille jener

imāg|ō [3, -inis] (f) Bild

imāg|ō [3, -inis] (f) phōtographica Foto

imb|er [3, -ris] (m) Regen

immūn|is [-is] vectīgālis
zollfrei

impēns|ae [1, -ārum] (f pl)
Gebühr

in (Präp +4) in (zeitl.); zu,
nach (Richtung)

in (Präp +5) auf, in (örtl.)

in tempore (Adv) pünktlich

incendium [2] Brand

**in|cipere [3, -cipiō, -cēpī,
-ceptum]** anfangen

incola [1] (m+f)
Einwohner

**ind|ex [3, -icis] (m+f)
cibōrum** Speisekarte

indicium [2] Beweis

indig|ēre [2, -eō, -uī]
brauchen, Mangel haben

industria [1] quaestuōsa
Industrie

industrius fleißig

īnf|āns [3, -antis] (m+f)
Kleinkind, Kind

īnfēnsus aggressiv

īnfirmāria [1]
Krankenschwester

īnfirmus krank, schwach

īnfōrmāti|ō [3, -ōnis] (f)
Information

**īnfōrmātiōn|ēs [3, -um]
(f pl)** Auskunft

īnfrā (Präp +4) unten

inhibiti|ō [3, -ōnis] (f)
Verbot

innoc|ēns [-entis]
unschuldig

innūpta ledig (Frau)

**īns|cendere [3, -scendō,
-scendī, -scēnsum]**
einsteigen

**īnscrīpti|ō [3, -ōnis] (f)
cursuāl|is [-is]** Adresse

īnsectum [2] Insekt

īnspecti|ō [3, -ōnis] (f)
Kontrolle

**īn|spicere [5, -spiciō,
-spexī, -spectum]**
besichtigen

**īnstrūmentum [2]
tēlevīsificum**
Fernsehgerät

īnsula [2] Insel

**intel|legere [3, -legō, -lēxī,
-lēctum]** verstehen,
begreifen

inter (Präp +4) zwischen

inter sē (Präp + Pron)
einander

**interdictum esse [sum,
fuī]** verboten sein

interdum (Adv) manchmal

inter|esse [-sum, -fuī]
dabei sein

internātiōnāl|is [-is]
international

interpre|s [3, -tis] (m+f)
Dolmetscher

intervallum [2] Pause

intrāre [1] eintreten,
hineingehen

intrīcātus kompliziert

introit|us [4, -ūs] (m)
Eingang

invecti|ō [3, -ōnis] (f)
Einfuhr

**in|venīre [4, -veniō, -vēnī,
-ventum]** finden

invītāre [1] einladen

invītāti|ō [3, -ōnis] (f)
Einladung

Iōvis di|ēs [5, -ēī] (m)
Donnerstag

ipse [1] selbst

īrātus sauer (Stimmung)

īre [eō, iī, itum] gehen

**īre [eō, iī, itum]: pedibus
~** zu Fuß gehen

irrupti|ō [3, -ōnis] (f)
Einbruch

ita so

itaque (Kj) darum, deshalb

it|er [3, -ineris] (n) Reise

**iter facere [5, faciō, fēcī,
factum]** reisen

iterum (Adv) wieder

itinere deerrāre [1] sich
verirren

iūdicium [2] Urteil
(Gericht)

Iūlius [2] Juli

Iūnius [2] Juni

iūs [3, iūris] (n) Recht

iuvāre [1] erheitern,
erfreuen

iūxtā (Präp +4) neben

L

labōrāre [1] arbeiten

lac [3, lactis] (n) Milch

lacrimāre [1] weinen

lactūca [1] (Kopf-)Salat

lactūca [1] mixta gemischter Salat

lac|us [4, -ūs] (m) See (der)

Laetum diēm paschālem (tibī/vōbīs precor)! Frohe Ostern!

laetus fröhlich, lustig

lagoena [1] Flasche

lampa|s [3, -dis] (f) ēlectrica Lampe

lap|is [3 -idis] (m) Stein

largiter (Adv) reichlich

Latīnus lateinisch

lātitūd|ō [3, -inis] (f) Breite, Größe, Umfang

latr|ō [1, -ōnis] (m) Räuber

lātus breit, weit

lauta caupōna [1] Restaurant

lavācrum [2] Badezimmer (auch: das Baden)

lavāre [1] waschen

lavāti|ō [3, -ōnis] (f) pluvia Dusche

lectus [2] Bett

lēgātī Germānī sēd|ēs [3, -is] (f) deutsche Botschaft

lēgātī sēd|ēs [3, -is] (f) Botschaft (eines Landes)

legere [3, legō, lēgī, lēctum] lesen

lēgitimāti|ō [3, -ōnis] (f) Ausweis

lentus langsam

levis leicht (nicht schwer)

lēx [3, lēgis] (f) Gesetz

lexicon [2] (n) Wörterbuch

libenter (Adv) gern, mit Vergnügen

līber frei

lib|er [2, -rī] (m) Buch

lib|er [2, -rī] (m) grammaticus Grammatik

līber|ī [3, -ōrum] (m pl) Kinder

lībert|ās [3, -ātis] (f) Freiheit

lic|et [·uit, -itum est] (unpers.) (+3) dürfen, es ist erlaubt (jdm.)

līgnum [2] Holz

lingua [1] Zunge; Sprache

linguella [1] Teelöffel

linteolum [2] Taschentuch

lītigāre [1] streiten

littera [1] Buchstabe

litterae [1] (f pl) (Ausweis-)Papiere; Brief (privater)

litterārum involūcrum [2] Briefumschlag

līt|us [3, -oris] (n) Strand

locus [2] Ort, Platz, Stelle

locus [2] sēcrētus Toilette (Ort)

lōd|īx [3, -īcis] (f) Laken

longitūd|ō [3, -inis] (f) [+2] Länge

longus lang (Entfernung)

loquī [3, loquor, locūtus sum] (Dep) sprechen (reden)

lūbricus glatt (schlüpfrig)

lū|dere [3, -dō, -sī, -sum] spielen

lūdus [2] Spiel

lūdus [2] ancep|s [-itis] unentschieden

Lūnae di|ēs [5, -ēī] (m) Montag

lutulentus dreckig, schmutzig

lūx [3, lūcis] (f) Licht

lycēum [2] Gymnasium

M

māchina [1] Maschine (jedes mechanische Bewegungswerkzeug)

māchina [1] cīnēmato-graphica Filmkamera

māchina [1] phōto-graphica Fotoapparat

māchina [1] tēlephōnica automatāria Anrufbeantworter

madidus nass, feucht

magis (Adv) mehr

magis|ter [2, -trī] (m) Lehrer

magistra [1] Lehrerin

magistrāt|us [4, -ūs] (m) Amt, Behörde

māgnī pretiī (als Obj) teuer (von großem Preis) (Adv)

māgnitūd|ō [3, -inis] (f) Größe (numerisch + räuml.)

māgnopere (Adv) überaus, dringend

māgnus groß, wichtig

Māius [2] Mai

malefact|or [3, -ōris] (m) Verbrecher

mālum [2] Apfel

mālum [2] Sīnicum Apfelsine

malus böse, schlecht

mamma [1] Brust (weibl.)

mandāre [1] bestellen

mandātum [2] Bestellung

māne [nur Nom/Akk/Abl Sg] am Morgen, morgens

manēre [2, maneō, mānsī, mānsum] bleiben

mānsi|ō [3, -ōnis] (f) Aufenthalt

mantēlium [2] Handtuch

man|us [4, -ūs] (f) Hand

mappa [1] Serviette

mar|e [3, -is] (n) Meer

marītus [2] Ehemann

Mārtis di|ēs [5, -ēī] (m) Dienstag

Mārtius [2] März

mā|ter [3, -tris] (f) Mutter

mātertera [1] Tante (mütterl.)

mātūritā|s [3, -tis] (f) Reife

mātūrus früh, reif

media nox [3, noctis] (f) Mitternacht

medica [1] Ärztin

medicām|en [3, -inis] (n) Medikament

medicīna [1] Medikament

medicus [2] Arzt

medium [2] Zentrum

meli|or (m+f)/meli|us (n) [-ōris] (Adj) besser (Adj)

melius (Adv) besser (Adv)

membrum [2] Organ

meminisse [meminī] (+2) (verb def) sich erinnern (an)

memoriae mandāre [1] sich merken

mendum [2] Fehler (Schreib-, Rechen-)

mēnsa [1] secunda Dessert

mēns|is [3, -is] (m) Monat

mēnsūra [1] Maß

ment|īrī [4, -ior, -ītus sum] (Dep) lügen

mercātūra [1] Handel

mercē|s [3, -dis] (f) Lohn (Gehalt)

Mercūriī di|ēs [5, -ēī] (m) Mittwoch

mer|ēre [2, -eō, -uī, -itum] verdienen

merīdi|ēs [5, -ēī] (m) Süden; Mittag

mer|x [3, -cis] (f) Ware

metrum [2] Meter

met|us [4, -ūs] (m) Angst

migrāre [1] wandern

minūta [1] Minute

miser elend, unglücklich

mittere [3, mittō, mīsī, missum] schicken, senden

molestus langweilig

monastērium [2] Kloster

mōns [3, montis] (m) Berg

mōnstrāre [1] zeigen

mont|ēs [3, -ium] (m pl) Gebirge

monumentum [2] Denkmal

morbus [2] Krankheit

mord|āx [-ācis] bissig

mōr|ēs [3, -um] (m pl) genticī Folklore

mor|ī [5, -ior, -tuus sum] (+5) (Dep) sterben (an)

mor|s [3, -tis] (f) Tod

mortuus tot

mōs [3, mōris] (m) recentissimus Mode

mōtōrium [2] Motor

mox (Adv) bald

muli|er [3, -eris] (f) Frau

multāre [1] bestrafen

Multās grātiās! Vielen Dank!

multitūd|ō [3, -inis] (f) (+2) Menge (Quantität)

multus viel (Adj)

mundus sauber

musca [1] Fliege

mūsculus [2] Muskel

mūsēum [2] Museum

mūsica [1] Musik

mūtāre [1] vehiculum umsteigen

mūtu|ārī [1, -or] (Dep) leihen (sich)

mūtuum dare [1, dō, dedī, datum] (+3) verleihen (an)

N

nārrāre [1] erzählen

nārrāti|ō [3, -ōnis] (f) Erzählung

nārrāt|or [3, -ōris] (m) Erzähler

nāsus [2] Nase

nātālis di|ēs [5, -ēī] (m) Dominī Weihnachten

natāre [1] baden, schwimmen

nat|ēs [3, -ium] (f pl) Gesäß

nātiōnālitā|s [3, -tis] (f) Nationalität, Staatsangehörigkeit

nātūra [1] Natur

nātūrāl|is [-is] natürlich (nicht künstl.)

nāvicula [1] Boot

nāv|is [3, -is] (f) Schiff

nebula [1] Nebel

necāre [1] töten

necessārius notwendig

negōtium [2] Geschäft, Handel, Tätigkeit

nēmō niemand

nervus [2] Nerv

ne|scīre [4, -sciō, -scīvī, -scītum] nicht wissen

niger schwarz

nihil nichts

nimis (Adv) sehr, überaus

nix [3, nivis] (f) Schnee

nooturnus nächtlich

nōm|en [3, -inis] (n) Name

nōm|en [3, -inis] (n) gentīle Familienname

nōn nein (als Antwort)

nōn (Adv) nicht

nōn nūpta ledig (Frau)

nōndum (Adv) nicht einmal, noch nicht

nōnnūlli (m pl), -ae (f pl), -a (n pl) einige

norma [1] vestiāria Größe (Kleidung u. ä.)

normāl|is [-is] normal

nōscere [3, nōscō, nōvī, nōtum] kennen, kennen lernen

nōtus bekannt

Novem|ber [3, -bris] (m) November

novus neu

nox [3, noctis] (f) Nacht

noxius schuldig

nū|bere [3, -bō, -psī, -pta] (+3) heiraten (Frau einen Mann)

nudiūs tertius (Adv) vorgestern

nūdus nackt

nu|x [3, -cis] (f) Nuss

numerāre [1] zählen, rechnen

numerātus bar

numerus [2] Zahl, Nummer

numerus [2] tēlephōnicus Telefonnummer

numquam (Adv) niemals

nunc (Adv) nun, jetzt

nūntiāre [1] benachrichtigen

nūntius [2] Nachricht

nuptiae [1] (f pl) Hochzeit

nusquam (Adv) nirgendwo/-wohin

O

oblectāmentum [2] puerōrum Spielzeug

oblī|vīscī [3, -vīscor, -tus sum] (Dep) vergessen

obscūrus dunkel

obsolētus altmodisch, rückständig

obstr|ūere [3, -uō, -ūxī, -ūctum] verstopfen

occid|ēns [3, -entis] (m) Westen

oc|cidere [3, -cidō, -cidī, -cāsum] untergehen

occupāre [1] besetzen

occupātus besetzt

Octō|ber [3, -bris] (m) Oktober

oculus [2] Auge

of|fendere [3, -fendō, -fendī, -fēnsum] beleidigen

officiāl|is [3, -is] (m+f) Beamter/-in

officīna [1] vehiculīs sarciendīs Autowerkstatt

officium [2] scrīptōrium Büro

ol|ēre [2, -eō, -uī] riechen, stinken

oleum [2] Öl

olīva [1] Olive

ol|us [3, -eris] (n) Gemüse

omnīnō (Adv) insgesamt, überhaupt

omn|is [-is] (Adj) alles

onerōsissimus stressig

on|us [3, -eris] (n) Last (Gewicht)

operāria [1] Arbeiterin

operārius [2] Arbeiter

operāti|ō [3, -ōnis] (f) medica [1] Operation

opertōrium [2] Decke (Bett)

Optimē valē! Auf Wiedersehen!

ōrāre [1] beten, reden

organizāre [1] organisieren

organum [2] Organ

ori|ēns [2, -entis] (m) Osten

ōrnāt|us [4, -ūs] (m) Schmuck

ōs [3, ōris] (n) Mund

os [3, ossis] (n) Knochen

ōscul|āri [1, -or] (Dep) küssen

ōsculum [2] Kuss

osten|dere [3, -dō, -dī, -tum] sich vorstellen, sich bekannt machen

oste|ndere [3, -ndō, -ndī, -ntum], sē ~ (+3) sich bekannt machen (mit jdm.)

ōstiolum [2] tesserārium Kasse (Kino-/Theater-)

ōtium [1] Ruhe

ov|is [3, -is] (f) Schaf

P

pāgina [1] Blatt (Papier, Buchseite)

pallium [2] Mantel

pān|is [3, -is] (m) Brot

pār [3, pāris] (n) Paar

parātus fertig

parcere [3, parcō, pepercī] (+3) sparen

parent|ēs [3, -um] (m pl) Eltern

pari|ēs [3, -etis] (m) Wand

par|s [3, -tis] (f) Seite (Richtung); Stück, Teil

part|us [4, -ūs] (m) Geburt

parvus klein

pāstillus [2] Tablette

pa|ter [3, -tris] (m) Vater

patruus [2] Onkel (väterl.)

paulātim (Adv) allmählich

paululum (Adv) bisschen

paulum (Adv) etwas, wenig

pauper [-is] arm

pāx [3, pācis] (f) Frieden

pect|en [3, -inis] (m) Kamm

pect|us [3, -oris] (n) Brust (Brustkorb)

pecūnia [1] Geld

pecūnia [1] praes|ēns [-entis] Bargeld

pedibus īre [eō, īī, itum] zu Fuß gehen

pedifoll|is [3, -is] (m) Fußball

pedifollium [2]
Fußballspiel

pellicula [1]
cīnēmatographica Film
(Kino)

pellicula [1] multicolōria
Farbfilm

pellicula [1]
phōtographica Film
(Foto)

pēn|is [3, -is] (m) Penis

pentēcost|ē [3, -ēs] (f)
Pfingsten

per (Präp +4) durch,
hindurch

pēra [1] Rucksack

**percu|tere [5, -tiō, -ssī,
-ssum]** schlagen

perd|ere [3, -ō, -idī, -itum]
verlieren

peregrīna [1] (f)
Ausländerin

**peregrīn|āns [3, -antis]
(m+f)** Tourist/-in

**peregrīnāti|ō [3, -ōnis] (f)
voluptāria** Urlaub

peregrīnus ausländisch

peregrīnus [2] Ausländer

perendiē (Adv)
übermorgen

perfrīcti|ō [3, -ōnis] (f)
Erkältung

**perfrī|gēscere [3, -gēscō,
-xī]** erkältet sein

perīculōsus gefährlich

perīculum [2] Gefahr

permissi|ō [3, -ōnis] (f)
Erlaubnis

**per|mittere [3, -mittō,
-mīsī, -missum]**
erlauben

permūtāre [1]
umtauschen

persōna [1] Person

**per|venīre [4, -veniō, -vēnī,
-ventum]** gelangen,
ankommen

pēs [3, pedis] (m) Fuß

pet|ere [3, -ō, -īvī, -ītum]
eilen, streben, verlangen

phōtographāre [1]
fotografieren

piger faul (träge)

pilula [1] Tablette

pilula [1] anticonceptīva
Antibabypille

pilus [2] Haar (einzelnes)

**pingere [3, pingō, pīnxī,
pictum]** malen

pingu|is [-is] dick (fett)

pip|er [3, -eris] (n) Pfeffer

pirum [2] Birne

pisc|is [3, -is] (m) Fisch

pist|or [3, -ōris] (m)
Bäcker

pittacium [2] cursuāle
Briefmarke

placenta [1] Kuchen

**plac|ēre [2, -eō, -uī, -itus]
(+3)** gefallen (gefällig
sein) (jdm.)

placidus gemütlich

planta [1] Pflanze

plaustrum [2] Lastwagen

plēnus voll (Adj)

pluit (unpers.) es regnet

pluvia [1] Regen

pōcillum [2] Tasse

pōculum [2] (Trink-)Glas

poena [1] Strafe, Bußgeld

poēta [1] (m) Dichter

polītica [1] Politik

pōma [2] (n pl) Obst

pond|us [3, -eris] (n)
Gewicht (Schwere)

**pōnere [3, pōnō, posuī,
positum]** stellen, setzen,
legen

pōns [3, pontis] (m)
Brücke

pont|ō [3, -ōnis] (m) Fähre

populus [2] Leute, Volk

porcus [2] Schwein

porta [1] Tür (Tor, Pforte)

port|us [4, -ūs] (m) Hafen

posse [possum, potuī]
können

possess|or [3, -ōris] (m)
Besitzer

post (Präp +4) hinter,
nach (Richtung/Zeit)

pōtulentum [2] Getränk

praed|ō [3, -ōnis] (m)
Räuber

prae|esse [-sum, -fuī]
(+3)s leiten, an der Spitze stehen

praefectus [2] Chef

praenōm|en [3, -inis] (n)
Vorname

praeoccupāre [1]
reservieren, buchen

praeparāre [1] vorbereiten

praesēlēctōrius numerus
[2] Vorwahlnummer

prandēre [2, prandeō,
prandī, prānsum]
frühstücken

prandium [2]
Zwischenmahlzeit,
Mittagessen

pretium [2] Preis

pretium [2] itineris
Fahrpreis

priusquam (Kj) bevor

prīvātus privat

prō (Präp +5) für

procella [1] Sturm

prōdesse [prōsum, prōfuī]
nützen

professi|ō [3, -ōnis] (f)
Beruf

pro|ficīscī [3, -ficīscor,
-fectus sum] (Dep)
abreisen

prōfluvium [2] Durchfall

programm|a [3, -atis] (n)
Programm

prōmuls|is [3, -idis] (f)
Vorspeise

propinquus nah

prō|pōnere [3, -pōnō,
-posuī, -positum]
vorschlagen

proprium [2] Eigentum

propter (Präp +4) wegen

proptereā (Adv) deshalb

Prōsit! Prost! Auf deine
Gesundheit

proxima septimāna [1]
nächste Woche

proximō tempore nächstes
Mal

prūd|ēns [-entis] klug

prūnum [2] Pflaume

pūblicae sēcūritātis
praefectūra [1]
Polizeiwache

puella [1] Mädchen

puer [2, -ī] (m) Junge

pulcher schön

pūn|īre [4, -iō, -īvī, -ītum]
bestrafen

pūpa [1] Baby

pūrgāmenta [1] (n pl)
Müll

pūrgāmentum [2] Abfall

pūrgāre [1] sauber
machen

pūtidus faul (Obst)

quadrivium [2] Kreuzung

quae (f) (Rel) die (welche)

quae? (f) wer?

quae|rere [3, -rō, -sīvī,
-sītum] (+4) fragen,
suchen (jdn.)

Quaesō! Bitte!

quaesti|ō [3, -ōnis] (f)
Frage; Problem

quālitā|s [3, -tis] (f)
Qualität

quam (Kj) als (Vergleich)

quam wie (Vergleich)

quandō? wann?

quanta? (n) (Adj) wie viel?

quantae? (f) (Adj) wie
viel?

quanti? (m) (Adj) wie viel?

quantit|ās [3, -ātis] (f)
Größe (mathemat.)

quantum? (+2 pl) wie viel
(von etwas)?

...-que und

que|rī [3, -ror, -stus sum]
(+4) (Dep) sich
beschweren (über)

quī (m) (Rel) der (welcher)

quī? (m) wer?

quid? was?

quiētus ruhig

quisque jeder

quō? wohin?

quod (n) (Rel) das
(welches)

quod? (n) wer?

quōmodo? auf welche
Weise?, wie?

quotannīs (Adv) jährlich

R

radiāre [1] scheinen (strahlen)

radiophōnum [2] Radiogerät

rāmentum [2] sulphurātum Streichholz

rārus selten

rati|ō [3, -ōnis] (f) Vernunft; Rechnung

ratus gültig, rechtskräftig

rec|ēns [-entis] frisch (Obst)

re|cipere [5, -cipiō, -cēpī, -ceptum], sē ~ (in ōtium) aussteigen (aus dem Geschäft)

recōg|nōscere [3, -nōscō, -nōvī, -nitum] kontrollieren

recreāre [1] kräftigen

recreāre [1] (sē) erfrischen

recreāre [1], sē ~ sich erholen

rēctus richtig

redit|us [4, -ūs] (n) Rückfahrt

re|ferre [-ferō, -ttulī, -lātum] berichten

re|ferre [-ferō, -ttulī, -lātum]: in cōdicem ~ buchen

rēgia [1] Schloss (Gebäude)

regi|ō [3, -ōnis] (f) Gegend, Landschaft

re|linquere [3, -linquō, līquī, -lictum] verlassen, zurücklassen

reliquus übrig (geblieben) (Adj)

reminīsc|ī [3, -or] (+2) (Dep) sich erinnern (an)

remōtus fern

remulcāre [1] abschleppen

renovāre [1] erneuern, wiederherstellen

reparāre [1] reparieren

re|perīre [4, -periō, -pperī, -pertum] registrieren

repet|ere [3, -ō, -īvī, -ītum] wiederholen

rēs [5, reī] (f) Ding, Sache

rēs [5, reī] (f) rūstica Landwirtschaft

rēs [5, reī] (f) memoriāl|is [-is] Andenken

rēs [5, reī] (f) pūblica Staat

rēs [5, rērum] (f pl) externae Umwelt

rēs [5, rērum] (f pl) gestae Geschichte (Ereignisse)

rēs [5, rērum] (f pl) admīrābil|ēs [-um] Sehenswürdigkeiten

rēs [5, rērum] (f pl) aspectābiliōr|ēs [-um] Sehenswürdigkeiten

rēs [5, rērum] (f pl) oblectābil|ēs [-um] Unterhaltung (Zerstreuung)

reservāre [1] aufbewahren

respond|ēre [2, -eō, -ī, respōnsum] antworten, Bescheid geben

respōnsum [2] Antwort

retrō (Adv) zurück

rever|tī [3, -tor, -tī, -sus sum] (Dep) zurück-/ umkehren

revid|ēre [2, -eō] wieder (hin-)sehen

rī|dēre [2, -deō, -sī, -sum] (+4) lachen (über etw.)

rīdiculus lächerlich

rogāre [1] bitten

rogāti|ō [3, -ōnis] (f) Bitte

rosa [1] Rose

roseus rosa

roseus ācer pink

ruber rot

rud|is [-is] roh

rūs [3, rūris] (n) Land (nicht Stadt)

S

saccharum [2] Zucker

sacculus [2] (Hand-)Tasche

saeculum [2] Jahrhundert, Zeitalter

saepe (Adv) oft

Wörterliste Modernes Latein – Deutsch

saevus sauer (Stimmung)

sāl [3, -salis] (m) Salz

saltāre [1] tanzen

salūtāre [1] grüßen, begrüßen

salūtāti|ō [3, -ōnis] (f) Gruß

sānctus [1] heilig

sangui|s [3, -nis] (m) Blut

sānit|ās [3, -ātis] (f) Gesundheit

sānus gesund

sāp|ō [3, -ōnis] (m) Seife

sarcina [1] Koffer

sarcinae [1] (f pl) Gepäck

satiātus satt

satis (Adv) genug, recht, sehr

Saturnī di|ēs [5, -ēī] (m) Samstag

scāl|ae [1, -ārum] (f pl) Treppe

scel|us [3, -eris] (n) Verbrechen

schola [1] Schule

scīre [4, sciō, scīvī, scītum] wissen, verstehen

sclopetāre [1] schießen

scrī|bere [3, -bō, -psī, ptum] schreiben

sēcess|us [4, -ūs] (m) Klosett

secunda [1] Sekunde

sēcūrus sicher

sed (Kj) aber, sondern

sedēre [2, sedeō, sēdī, sessum] sitzen; sitzen/passen (Kleidung)

sē|iungere [3, -iungō, -iūnxī, -iūnctum] trennen

sella [1] ēlūtōria WC (Wasserklosett)

sēmaphorum [2] Ampel

semel (Adv) einmal

semper (Adv) immer, jedesmal

sen|ex [3, -is] (m) Alter (alter Mann)

sēns|us [4, -ūs] (m) Gefühl

sentential [1] Satz (Grammatik)

sen|tīre [4, -tiō, sēnsī, sēnsum] fühlen, empfinden

Septem|ber [3, -bris] (m) September

septentriōn|ēs [3, -um] (m pl) Norden

septimāna [1] Woche

serō venīre [4, veniō, vēnī ventum] sich verspäten

sērō spät (Adv)

sērus spät (Adj)

sī (Kj) ob, wenn

sībilāre [1] pfeifen

sigarellum [2] Zigarette

silva [1] Wald

simpl|ex [-icis] einfach

simul (Adv) zusammen, zugleich

sine (Präp +5) ohne

sine opere arbeitslos

sinistrā links

sinistrōrsum (Adv) nach links

sīph|ō [3, -ōnis] (m) Spritze

sistere [3, sistō, stetī, statum] anhalten

sit|īre [4, -iō] Durst (haben)

sit|is [3, -is] (f) Durst

sit|us [4, -ūs] (m) Lage (geogr.)

societ|ās [3, -ātis] (f) Gesellschaft

sōl [3, -is] (m) Sonne

Sōlis di|ēs [5, -ēī] (m) Sonntag

sōlum (Adv) nur

sōlus allein (Adj)

sol|vere [3, -vō, -vī, -ūtum] zahlen, bezahlen, ab-/ erlösen, befreien

sorbiti|ō [3, -ōnis] (f) Suppe

sordidus schmutzig

sor|or [3, -ōris] (f) Schwester

speci|ēs [5, -ēī] (f) Art, Aussehen

spectāre [1] betrachten

spērāre [1] hoffen

spēs [5, speī] (f) Hoffnung

spoliāre [1] (be-)rauben
stāre [1, stō, stetī, statum] stehen
statim (Adv) sofort
stati|ō [3, -ōnis] (f) (das) Stehen, Standort, Stellung, Lage
stati|ō [3, -ōnis] (f) autoraedārum longārum Bushaltestelle
stati|ō [3, -ōnis] (f) ferriviāria Bahnhof
stati|ō [3, -ōnis] (f) vehiculōrum Haltestelle
stilus [2] plumbeus Bleistift
stilus [2] sphaerātus Kugelschreiber
stomachus [2] Magen
strāta [1] Straße
strāta [1] autocinētica Autobahn
stre|pēns [-pentis] laut, lärmend
strep|ere [3, -ō, -uī, -itum] lärmen, toben
strepit|us [4, -ūs] (m) Lärm
strictōria [1] lānea Pullover
strūctūrae gen|us [3, -eris] (n) Stil (Architektur)
stud|ēre [2, -eō, -uī] (+3) sich interessieren (für)

studia excit|āns [-antis] interessant (Eifer/ Interesse erregend)
studiōrum ūniversitā|s [3, -tis] (f) Universität
studiōsa [1] acadēmica [1] Studentin
studiōsus [2] acadēmicus [2] Student
stultus dumm
stupidus dumm
suāvis lieblich
sub (Präp +4) unter
subitō (Adv) plötzlich
sublig|ar [3, -āris] (n) balneāre Badehose
subrīd|ēre [2, -eō] lächeln
subscrī|bere [3, -bō, -psī, -ptum] unterschreiben
subsellium [2] Bank (Sitz-)
sub|sistere [3, -sistō, -stitī] halten
sub|venīre [4, -veniō, -vēnī, -ventum] (+3) helfen (jdm.)
success|us [4, -ūs] (m) Erfolg
sūcus [2] Saft
sūcus [2] frūctuārius Fruchtsaft
sūdāre [1] schwitzen
sūm|ere [3, -ō, -psī, -ptum] nehmen
summa [1] Summe
superāre [1] übertreffen, siegen

supervēnālicium [2] Supermarkt
suprā (Adv) oben
suprā (Präp +4) über (örtl.)
sur|gere [3, -gō, -rēxī, -rēctum] (ē lectō) aufstehen (aus dem Bett)
syngraphus [2] Pass
syngraphus [2] viātōrius Reisepass

T

tabācum [2] Tabak
taberna [1] Geschäft, Laden
taberna [1] (vēnālicia) Laden
taberna [1] alimentāria Lebensmittelgeschäft
taberna [1] benzināria Tankstelle
taberna [1] dēversōria Gaststätte
taberna [1] medicāmentāria Apotheke
tabula [1] geōgraphica Landkarte
tabulātum [2] Etage
tabuletta [1] Tablette
tac|ēre [2, -eō, -uī, -itum] schweigen
taeniola [1] Film (Kino)
tāl|is [-is] solch(e, -er, -es)

tālis ... quālis so (beschaffen) ... wie

tam ... quam so ... wie

tantum (Adv) nur so viel

tardus langsam

taxiraeda [1] Taxi

tēctum [2] Dach

tēlegramm|a [3, -atis] (n) Telegramm

tēlephōnāre [1] telefonieren

tēlephōnum [2] Telefon

tēlevīsi|ō [3, -ōnis] (f) Fernsehen

tempestā|s [3, -tis] (f) Wetter, Gewitter

tempore: in ~ (Adv) pünktlich

temptāre [1] versuchen

temp|us [3, -oris] (n) Zeit

temp|us [3, -oris] (n) antemerīdiānum Vormittag

temp|us [3, -oris] (n) postmerīdiānum Nachmittag

tenebricus dunkel

tenebrōsus finster, dunkel

tentōrium [2] Zelt

tenu|is [-is] dünn

tergum [2] Rücken

terra [1] Erde, Land

terrae [1] (f pl) exterae Ausland

tessera [1] āëronautica Flugticket

tessera [1] sēdis reservātae Platzkarte

tessera [1] vectōria Fahrkarte

testimōnium [2] fideī Ausweis

textum [2] Stoff

thea [1] Tee

theātrum [2] Theater

Theodisca [1] Deutsche (f)

Theodiscus deutsch

Theodiscus [2] Deutscher (m)

thermopōlium [2] Bar

thōrā|x [3, -cis] (m) Brustkorb

tim|ēre [2, -eō, -uī] (+ 4) (trans/reflex) sich fürchten (vor)

tim|or [3, -ōris] (m) Angst

tollere [3, tollō, sustulī, sublātum] heben

tōtus ganz (Adj)

trāditi|ō [3, -ōnis] (f) Tradition

trām|en [3, -inis] (n) Zug (Eisenbahn)

tranquillus ruhig

trāns|cendere [3, -cendō, -cendī, -cēnsum] (in +4) umsteigen (in)

trāns|ferre [-ferō, -tulī, -lātum], ad verbum ~ übersetzen (Sprache)

trāns|īre [-eō, -iī, -itum] überschreiten

trānsviāria raeda [1] Straßenbahn

trīst|is [-is] traurig

tum (Adv) dann

turbāre [1] stören

turr|is [3, -is] (f) Turm

U

ubī? wo?

ubīque (Adv) überall

umbrella [1] Regenschirm

unde? woher?

unguentum [2] Salbe

ūnus [ūnīus] ein (einer, eins)

urbānus höflich

urbis regi|ō [3, -ōnis] (f) vet|us [-eris] Altstadt

urb|s [3, -is] (f) Stadt

urg|ēns [3, -entis] dringend

ūsque (Präp +4) bis

ut (Kj + Konj) damit, dass

ūva [1] Traube

ux|or [3, -ōris] (f) Ehefrau

V

vaccīnum in|icere [5, -iciō, -iēcī, -iectum] impfen

vacuus leer

vāgīna [1] Scheide

valdē (Adv) sehr, stark, heftig

Valē! (Sg) Tschüss!, Auf Wiedersehen!

Valēte! (Pl) Tschüss!, Auf Wiedersehen!

va|lēre [2, -eō, -uī] gesund sein, stark sein, kräftig sein, sich fühlen

valētūdinārium [2] Krankenhaus

validus ūsque (Präp +4) gültig (bis)

vall|is [3, -is] (f) Tal

varius bunt

vās [3, vāsis] (n) Gefäß

vectīg|al [3, -ālis] (n) Zoll (auf Waren)

vectūrae pretium [2] Porto

vegetārius [2] Vegetarier

vehere [3, vehō, vēxī, vectum] fahren

vehiculum [2] Fahrzeug, Wagen

vehiculum [2] īnfirmīs excipiendīs Ambulanz, Krankenwagen

velle [volō, voluī] wollen

vēnāt|or [3, -ōris] (m) Jäger

vend|ere [3, -ō, -idī, -itum] verkaufen

vendit|or [3, -ōris] (m) Verkäufer

venditr|īx [3, -īcis] (f) Verkäuferin

venēnum [2] Gift

Veneris di|ēs [5, -ēī] (m) Freitag

venia [1] Verzeihung, Nachsicht, Gnade

ven|īre [4, -io, vēnī, -tum] kommen

vent|er [3, -ris] (m) Bauch, Unterleib

ventus [2] Wind

vēr [3 vēris] (n) Frühling

verbum [2] Wort

vērus echt, wahr

vesp|er [2, -erī] (m) Abend

vesperna cēna [1] Abendessen

vesticula [1] balneāris Bikiniāna Bikini

vest|is [3, -is] (f) Kleidung

vest|is [3, -is] (f) balneār|is [-is] Badeanzug

vest|is [3, -is] (f) muliebris Kleid

vet|us [-eris] alt (nicht jung), bejahrt

vetustus alt (nicht neu)

via [1] Weg, Straße

via [1] ferrāta Eisenbahn

vīcīna regi|ō [3, -ōnis] (f) Umgebung

vīcīnus [2] Nachbar

vict|or [-ōris] siegreich

vīcus [2] Dorf

vidēre [2, videō, vīdī, vīsum] sehen

vīl|is [-is] billig

vīnum [2] Wein

vīnum [2] spūm|āns [-antis] Sekt

vir [2 -ī] (m) Mann

viridārium [2] Park

viridis grün

vīsitāre [1] besuchen

vīta [1] Leben

vitra [2] (n pl) oculāria Brille

vitrum [2] Glas (Material)

vitula [1] Kalb

vī|vere [3, -vō, -xī] leben

vocāre [1] rufen, schreien

volāre [1] fliegen

vol|vere [3, -vō, -vī, -ūtum] drehen, rollen, winden

vom|ere [3, -ō, -uī, -itum] erbrechen (sich)

vōx [3, vōcis] (f) Stimme

vulnerāre [1] verletzen, verwunden

vulnerātus verletzt

vuln|us [3, -eris] (n) Verletzung, Wunde

Die Autorinnen

Gisela Frense, geboren 1949, hat Kunst, Psychologie und Anglistik studiert. Sie beschäftigt sich seit 30 Jahren mit der lateinischen Sprache und seit fast 20 Jahren auch mit der Vermittlung derselben. Etliche Schüler hat sie aus echter Verzweiflung gerettet und durch das Latinum begleitet; einige sind sogar Lateinliebhaber geworden und unterrichten jetzt selbst. Nach mehreren Auslandsaufenthalten (Pakistan, Kanada, England) arbeitet sie heute als Mentorin für Latein, Englisch und Deutsch und lebt in der Nähe von Bielefeld.

Dagmar da Silveira Macêdo, geboren 1968, ist Dipl.-Medienberaterin und hat Kunstgeschichte, Anglistik und Archäologie studiert. Sie hofft, mit diesem Band besonders Schülern einen leichteren Zugang zum Lateinischen zu öffnen. Ihr selbst war und ist Latein immer wieder eine große Hilfe: bei Auslandsaufenthalten und speziell bei Reisen nach Italien, Frankreich, Portugal, Brasilien und beim Erlernen einer lateinischen Tochtersprache. Sie lebt und arbeitet als freie Autorin in Bielefeld.

Wir möchten uns ganz herzlich bei Stefan Mense und Jürgen Schlosser bedanken, die uns bei der Vorbereitung zu diesem Buch durch nützliche Tipps und konstruktive Anregungen und Korrekturen geholfen haben. Vielen Dank!